KAWADE
夢文庫

本当はナイショにしたかった……

数字のネタばらし!

博学こだわり倶楽部[編]

河出書房新社

身の回りの数字に隠された、巧みな仕掛けに超ビックリ！

●まえがき

スーパーでは、安売り品には「レジにて50円引き」などと、値引き額が「金額」で表示されているものだ。いっぽう、ブランドショップのバーゲン品は、「20％OFF」「30％OFF」というように、値引き分が金額ではなく「割引き率」であらわされている。

なぜ、そのような使い分けが行なわれているのか？――むろん、そこには、お客の心理を操《あやつ》ろうとするそれぞれの店舗の狙《ねら》いがひそんでいる。どのような数字のトリックが仕掛《しか》けられているかは、のちほど本文でじっくりご紹介しよう。

世の中に氾濫《はんらん》する数字の多くには、じつは何らかの狙いやカラクリ、そして〝ナイショにしておきたい根拠や理由〟が隠されている。本書では、そうした数字の裏側を一挙に〝ネタばらし〟した。

「値段や儲《もう》けのしくみ」はもとより、「確率や統計のワナ」「はかり方やサイズの驚きの事実」まで、多方面から切り取った裏話から覗《のぞ》き知る、数字の裏面をお楽しみいただきたい。

博学こだわり倶楽部

1 「スーツ2着目1000円」ってホントにお得なの？

値段・儲けのカラクリをコッソリ紹介！

2 ゴルフで「ホールインワン」がみごと達成される確率は?

その確率の意外な真相

3 サッカーの公式戦で149点、まさかの試合内容とは?

こんなオモシロ数字、知ってた?

4 滑走路に書かれた数字でパイロットは何を知る?!

その数字にはどんな意味があるの？

5

「1世帯の平均貯蓄額、1657万円」に隠されたカラクリとは？

気になる数字を検証したら…

⑥ カラオケの消費カロリーは どうやって計算されている？

あれって、どんな仕組みで、はかってる？

7 日本列島の「93％が無人島」って、どういうこと？！

その数字、どこに根拠があるの？！

8 ランドセルが縦2㎝、横1㎝大きくなった事情！

サイズや重さに隠れたオモシロ話！

カバーイラスト◆ネモト円筆
本文イラスト◆城戸ふさ子
◆角 愼作
◆山本サトル
協力◆オフィスGEN

1

「スーツ2着目1000円」ってホントにお得なの？

値段・儲けのカラクリをコッソリ紹介！

無料キャンペーンでも十分に儲けが出る秘密とは

今から30年も前、家電の安売りが広まった時代に、テレビで「3割、4割引きは当たり前〜!」と叫《さけ》ぶCMがあったことをご記憶だろうか。

当時としては破格《はかく》の割引率だったのだが、昨今では3割、4割引きなど、とくに珍《めずら》しくもなく、中途半端な割引率では誰も見向きもしなくなっている。

そこで、近ごろは、「基本使用料ゼロ円」「無料サンプルを送料無料でお届け」「無料ダウンロード」など、「無料」「タダ」でお客を引きつけようとするサービスや商品が増えている。

むろん、多くの企業が「無料」を打ち出しているからには、そこにはタダでも儲《もう》かるしくみがひそんでいる。まずは、無料をまき餌《え》にしてお客を呼び込み、そのあとで有料の商品を購入してもらうという仕掛《しか》けである。

もちろん、無料サンプルをもらって終わり、というお客も多いのだが、店舗側もその点は承知のうえだ。

無料商品は広告・宣伝費と割りきり、タダに釣られて寄ってきたお客のうち、数パーセントでも有料商品を購入すれば、じゅうぶん元がとれるような仕掛けになっているのである。

また、化粧品や健康食品の通販でよく見かけるのが、「納得がいかなければ、商品を使用したあとでも返金ＯＫ」というセールストークだ。これも、無料キャンペーンのバリエーションの１つといえるだろう。

「効果を実感できなければ、タダにしますよ」といううたい文句は、一見「企業の誠意」や「商品への絶対の自信」のようにも受け取れる。だが、じっさい手元に届いた商品を使ってしまったら、多くの人は大した効果がなくても「返品するのは申し訳ない」と考えて、返品を躊躇《ちゅうちょ》する。また、返品のための送料が自己負担の場合も多く、あきらめるお客も少なくない。

その結果、企業にとっては返品でこうむる損失よりも、お客が増えることでの利益のほうがはるかに上回るのである。

ネット書店で「中古本1円」の儲けはどこにある？

小説コーナー、ノンフィクションコーナー、雑誌・実用書コーナーなど、あちこちをはしごしながら、じかに本を手にとって選べるのが、書店のいちばんの魅力。

いっぽう、目当ての1冊が決まっているときは、インターネット書店を利用する人も多いだろう。小さい書店では取り扱っていない本もラインナップされているし、書店経由で取り寄せするような時間もかからない。

そのうえ、ネット書店では、中古の本に「1円」というビックリ価格がついていることがよくある。送料がかかるので、実質1円で手に入るわけではないが、定価で買うよりは、ウンとおトクな価格でゲットできるのだ。

だが、販売手数料で稼ぐことをビジネスモデルにしているネット書店にとっては、「1円本」を売っても商売にならないはず。

「じゃあなんで売ってるワケ？」ということになるが、ネット書店の狙《ねら》いは、新しい顧客《こきやく》の開拓と、「この商品を買ったお客は、こんな商品も買っている」というデータ収集にあるとみられている。

一度でもそのネット書店で買い物をすると、「○○様　このような商品はいかがでしょうか」というお知らせメールが届く。ふつう、この手の広告メールはうっとうしいものだが、ネット書店の場合、過去にチェックした商品や購入履歴から、その人が関心をもちそうな本を選び、ピンポイントで情報を送ってくるのがミソ。

メールを受け取ったほうは、「そういえばコレ、欲しかったんだ」と思い出し、購入意欲に火がつく。それが、ネット書店の仕掛けなのである。

なにしろ、新たな顧客を開拓するには、既存顧客へのメンテナンスの5倍ものコストがかかるといわれる。そこで、ネット書店は1円本で新しいお客を増やし、その後、一度でも買ってくれた顧客をリピーター化するため、その人の嗜好《しこう》にマッチしたおすすめメールを送っているというわけだ。

ネット書店は、そうして「1円本」という釣り餌で、利益を生み出しているのである。

スーツの2着目1000円は本当にお得なのか？

紳士服の量販店なら、たいていどこでも実施しているのが、〝2着目安売り商法〟

だ。たとえば、1着3万円するスーツを2着買うと、2着目が半額や9800円になったり、場合によっては1000円になるという値引きサービスだ。

常識的に考えて、スーツが1着1000円で儲かるとは思えない。でも、この商法、お客だけでなく、店のほうにも相当のメリットがあるシステムなのである。

そもそも、紳士服小売業は販売コストがかかるビジネスである。サイズ・色・柄をそろえ、試着から裾《すそ》上《あ》げなどにつき合う店員を配置する必要もある。

そのうえ、平日は客足が薄いのに、広い売り場を確保して賃料を支払わなければならない。そのため、定価3万円のスーツであっても、店側にそれほど利益は出ないのだ。

いっぽう、安売りの2着目は、仕入れ値などは1着目とおなじとしても、「1着目のついで」に買うものだから、余分な人件費がかからないし、お客は目の前

にいるのだから、広告宣伝費もゼロ。それに加え、2着目を売るための家賃、光熱費は、もともとの基本料金（固定費）に含まれている。2着目を売るために、新たなコストが発生することはない。

というコスト面を含めて考えると、3万円する1着目より、半額の2着目のほうが、より多くの利益を会社にもたらしてくれるのである。

うれしいことに、お客にもメリットがある。安く買えるうえ、2着目を買うために、ふたたび店に足を運ぶ手間もかからない。

それで3万円と同等のスーツを半値以下で購入できるのだから、けっこうおトクなサービスなのだ。

スパムメールは、何%の人がひっかかれば儲かる？

一方的に送られてくる迷惑メールのなかで、営利目的、かつ無差別に大量配信されるものを「スパムメール」と呼ぶ。要するに、インターネット版のＤＭであり、その内容は「この方法を知れば、誰でも1億円稼《かせ》げる！」「高級ブランドが激安！」などなど。ひっかかる人が多いからなのか、大量に送られてくるのは、やはりアダルトサイトからのメール。うっかりサイトにアクセスするだけで、法外な利用料を請求されることもある。

「カオリです……」とか「人妻とタダでデートできちゃう！」のような、「いったい誰がひっかかるの？」と首を傾《かし》げたくなる怪しいメールが多いのだが、被害が減らないところをみると、スパムメールを真《ま》に受ける人が、いつでも一定数はいることになる。

そこで気になるのが、メールを送りつけてくる業者の利益だ。

業者がスパムメールを送るのに必要な費用は、パソコンが10万円、プロバイダー料金が月5000円、それらに諸経費を入れて15万円程度を初期費用と仮定しよう。

つぎに、スパムメールにひっかかり、サイトを利用した人に3万円請求したとする。と、メールを受け取った人のうち、5人が料金を支払えば、5人×3万円＝15万円となり、初期費用は回収できる。しかも、それ以降はほとんど費用もかからず、カモがひっかかった分だけ儲かっていくのだ。それでは、いつまでたっても、この手の業者が消えないワケだ。

被害を防ぐには、怪しいメールがきたら開かずに捨てること。

利用料請求のメールがきても、ビビってはいけない。まして、そのメールに返信するのは絶対にNGだ。

業者からのメールに返信すれば、あなたのメールアドレスがアクティブ（生きている）であることや、差出人名が本名の場合、あなたの名前が業者に伝わり、こんどは本名宛てでメールが送られてくる。すると、さらにひっかかりやすくなってしまうという悪循環が待っている。

「○%OFF」と「○円引き」の表示を使い分ける、売り手の戦略とは

洋服のタグにつけられた「○パーセントOFF」の赤札や、肉や魚のパックに貼られた「○円値引き」の文字。値下げの文字に浮かれて衝動買いをしないよう、注意している人も多いだろう。

だが、店側は、そうした消費者心理は重々承知《しょうち》。商品によって「値引き表示」の方法を巧《たく》みに使い分けて、売り上げアップをはかっているのだ。

たとえば、一流ブランドメーカーが取り扱うファッション衣料品やバッグの値引きには、「○パーセントOFF」と表示されていることが多い。

その理由は単純で、「○円値引き」と表示したときよりも、「○パーセントOFF」

と表示したほうが、よく売れるというデータが出ているからである。

お客にとって、ブランド品がおトクに買えるのはうれしいことだが、そのさい、商品に「3000円値引き」などと書かれたら、どうだろう。ブランドそのものの価値が下がったように感じて、購入意欲が薄れてしまうお客が多いのだ。

いっぽう、スーパーで取り扱うファッション衣料品の場合、お客はブランドとしての価値などハナから求めていない。お客の関心事は、「いくらおトクになるのか」という一点だ。そんなときには、「○円値引き」と値引き額を具体的に表示したほうがよく売れる。

「2000円値引き」「3000円値引き」と書かれたほうが、おトク感がダイレクトに伝わるため、「あら、安いわァ！」と購入意欲がかきたてられ、飛びつくお客が増えるのだ。

「レジにて○%引き！」は、なぜ初めから値引きしないのか？

スーパーでよく見かけるのが「レジにてさらに、○割引き！」という値引きセール。「ただいまから、○×の商品を対象に、レジにてさらに○パーセント引きにいたします」とアナウンスが流れることもある。最初から値引きしておけばすむのに、なぜ「レジにて」なのだろう？

これには、2つのパターンがある。

ひとつは、あらかじめ値引きすることは決められていたのだが、「臨場感《りんじょうかん》」を演出するため、店内を盛り上げるために、店内放送をかけるケースだ。イベント的に計画されているものなので、「レジにて半額！」のような大胆《だいたん》な割引を行なうこともある。

もうひとつは、客入り、売れ行きの状況に合わせ、売り上げアップを狙って行なうものだ。

たとえば、思いのほか、雨が長引いて、客入りが悪く、売り上げが伸びない――そんなとき、「この商品が、今ならレジにてさらに○パーセント引き！」とアナウンスして、お客の購買意欲をあおり、売れ行きを少しでも伸ばそうとするのだ。

なかには、単純に価格表示シールを貼り替える手間を省《はぶ》くために、会計時に値引きする店もある。

いずれにしても、「レジにて値引き」の商品は、果たしておトクなのだろうか？

むろん、イベント的に計画されている場合は、たとえ「半額セール」のような大胆な値引きでも、店にはちゃんと利益が残るように計画されている。とはいっても、商品が悪いわけではないので、必要なものを安くなっているときに買えば、お客側にもじゅうぶんメリットがある。

1000円理髪店は「薄利多売」方式の超成功例

「10分1000円」という看板を街でよく見かけるようになった。いわゆる「1000円散髪」である。その代表格といえる「QBハウス」は、事業開始から13年で全国に約430店舗、海外進出まで果たすという急成長ぶりである。

1000円散髪の成功の理由は、むろんその値段の安さ。1000円という料金で、どのようにして利益を出しているのだろうか？

1000円散髪の特徴は、シャンプーやブロー、ひげ剃《そ》りは一切ナシで、カットのみを行なうこと。だから、1人あたりのカット時間は10分あまり。そして、予約はとらない。この「予約をとらずに回転率を上げる」という薄利多売《はくりたばい》方式が、1000円散髪のビジネスモデルといえる。

ここで、1000円散髪と一般の理髪店の売り上げをくらべてみよう。1000円散髪では、1席1時間あたりの売り上げは60分÷15分×1000円で4000円。いっぽう、客単価4000円で予約がぎっしりの理髪店の場合、カット、ブロー、洗髪などにかかる平均時間は50分。さらに、予約と予約のあいだを10分とすると、1時間で1人の客をさばける計算になる。どちらも1席1時間あたりの売り上げは、4000円と変わらない。

ところが、店舗面積を考慮すると、1000円散髪のほうが圧倒的に有利になる。1000円散髪店にはシャンプー台や受付台が必要ないので、お客1人あたりのスペースを一般の理髪店とくらべて40パーセントも省略できるのだ。

むろん、そのぶん、家賃は安くてすむ。さらに、スペースが狭ければ、設備投資費や光熱費などのコストも少なくなる。このように、狭くてもお客を呼べ、坪《つぼ》単価の売り上げを上げられることが、1000円散髪の最大の強みなのだ。

「回転ずし」の廃棄率をおさえる画期的な管理システムとは

お腹いっぱい食べても安心の低価格に加え、すぐに食べられるのが回転ずしの売り。いつでもコンベア上にすしが流れているため、料理が出てくるまでの待ち時間はゼロ。しかも、お客は好きなものを選んで食べられる。これらが、回転ずしの魅力といえるだろう。

ただし、「早い、選べる」の2点を満たすためには、お客が手にとるようなネタをコンベアに流しつづけなければならない。もし、お客が手にとらなければ、一定時間を経《へ》たのち、皿をコンベアから下ろし、廃棄《はいき》するしかない。

大手回転ずしチェーンでは、その無駄をはぶくために、ハイテクマシンによる顧客動向管理システムを導入し、廃棄率を落とす努力をしている。

たとえば、「スシロー」では、皿の裏側にＩＣチップをとりつけて、各商品の売り上げを分析《ぶんせき》。コンベアに流すすしの種類や量を調節している。

そのＩＣチップは、コンベアにのったすしの鮮度管理にも使われている。皿がまわりはじめてから一定時間経過すると、自動的にコンベアから下げられるしくみになっているのだ。

　もう1つ、顧客の動向を徹底管理するシステムも、無駄をはぶくのに役立っている。まず、お客が入店すると、受付で来店した大人・子どもの人数を入力する。と、モニター画面には、「入店したばかりの客」「少し時間がたった客」「長く滞在している客」の3段階に分けて、色別に表示されるのだ。

　このデータをもとに、来店してすぐの客が多いときは、マグロやハマチなどの人気ネタを重点的に流し、子どもが多ければハンバーグ巻きなどの子ども向けメニューを増やす。また、滞在時間が長いお客が多ければ、デザートを中心に流す。このシステムの導入により、スシローでは過去7パーセントだった廃棄率を4パーセントにおさえることに成功したという。

　おなじく「くら寿司」も、皿の裏に「QRコード」をつけてすしの鮮度を管理しているほか、顧客動向を

モニター表示できるシステムを導入している。

10円缶コーヒーや激安ペットボトル、そこまで安くする秘密は？

ディスカウントショップや大きなドラッグストアにいくと、自動販売機で買えば120～150円する飲料が半額以下で売られているもの。ラインナップは店によってそれぞれだが、500ミリペットボトルのお茶やジュースが60円、80円になっていたり、缶コーヒーが10円、20円で販売されていることもある。

ディスカウントショップの激安飲料は、どのようなしくみで販売されているのだろうか？　結論からいうと、激安の秘密には「賞味期限」がからんでいる。

たとえば、缶コーヒーを例にとると、缶コーヒーの賞味期限は1年間程度だが、期限が近づいても売れない在庫を抱《かか》えた問屋などの業者が、ディスカウントショップに投げ売り価格で売りに出すことがあるのだ。

仮に、賞味期限があと1週間しかない缶コーヒーの場合、在庫を抱えたまま1週間たってしまうと、あとは廃棄するしかない。しかも、廃棄するには費用がかかる。とすれば、在庫を抱えた業者は、超低価格でも売ったほうが、まだしも損が少なくなる。

もっとも、それで利益が出ているわけではない。売れないとより大きな損失を出すことになる飲料を、叩《たた》き売っているだけなので、その業者が儲かっているというわけではないのだ。

最近は、賞味期限に敏感な消費者が増えていることから、スーパーやコンビニでは、賞味期限が5か月以上残っている飲料でないと取り扱わないことが多い。

そのため、ディスカウントショップの安売り飲料には、5か月を切ったドリンクが多いのだが、店頭に並べられるのは、賞味期限内の飲料にかぎられている。すぐに飲むぶんには、何の問題もないので、おトクにおいしくいただこう。

格安自動販売機が他の自販機より安い理由

いっぽう、自動販売機の清涼飲料の価格は、長いあいだ値崩れしなかった。350ミリリットルなら120円、500ミリリットルなら150円が〝定価〟のように据え置かれてきたが、ここにきて一律90円や100円の看板を掲《かか》げる格安自販機が増えはじめている。

それらの自販機では、なぜほかの自販機よりも、安く販売できるのだろうか?

自動販売機ビジネスは、運営者別に3つに分類できる。1つは、飲料メーカーが自社グループ内で管理・運営するケース。もう1つは、提携《ていけい》しているオペレーターが運営するケース。そして、独立系オーナーが運営しているケースの3パターンだ。

そのうち多いのは、飲料メーカーが自社グループ内で管理・運営しているケースで、その場合、自販機で陳列《ちんれつ》・販売されるのは、そのメーカーの製品のみとなる。

いっぽう、〝格安自販機〟の多くは、独立系オーナーが運営しているものだ。オーナーが自分で仕入れを行なうので、安く買って安く売るのも、すべて自分の判断。複数メーカーの飲料を組み合わせて陳列するのも自由だ。

以前から、独立系オーナーの自販機は存在したのだが、これが増えるきっかけになったのは、低価格自販機をまとめて管理する〝独立系・自動販売機オペレーター会社〟が参入したことだ。

非メーカー系なので、メーカーの価格設定にとらわれることもないし、プライベートブランドを展開したり、賞味期限が迫った飲料を一括大量仕入れすることもある。だから、自販機で安く販売しても、利益を出すことができるのである。

ホテルの「ルームサービス」が値段を2倍にする根拠は？

ホテル業界では、ルームサービスの価格を、レストランでおなじメニューを提供する場合の約2倍に設定している。値段が高くなるのは、ルームサービスにはそれくらいの人件費と諸経費がかかるからである。

ルームサービスの場合、フロント係がお客の注文を受けて、レストランに取りつぎ、ボーイが食事を各部屋まで運び、再び下げるためにまた部屋に出向かなければならない。そのような手間が人件費になってはねかえる。

さらに、ルームサービスを提供するには、ホコリよけのふたや予備のナイフ・フォークなど、多数の什器《じゅうき》が必要になる。それらの什器が使われずに戻ってきても、すべて洗浄しなければならない。そのコストもかさむ。

それらのコストを価格に織り込むと、レストランで提供する2倍程度に設定しないと、元を取れないというわけだ。

ホテルやレストランの「サービス料」10%の根拠は?

彼女との〝記念日お泊まりデート〟をするために、ちょっとリッチなホテルを予約。といっても、ネットで見つけた格安宿泊プランなので、そんなに財布は痛まないハズだった……。

ところが、ホテル内のレストランで食事をしたところ、飲食費と消費税にサービス料10パーセントをとられ、宿泊費にも10パーセントのサービス料が加算され、会計時、予想以上の料金にビックリ!——若かりしころ、そんな経験をした人もいるのではないだろうか。

ホテルの宿泊料や、レストランの飲食費にかかるサービス料は、チップの習慣がない日本で、サービスの対価をいただくためにはじまったものだ。ホテルのほか、高級レストランでも、10パーセントのサービス料を加算されることが多い。

しかし、サービス料がチップだというのなら、チップをいくら支払うかは、お客自身が決めるものではないのか。それに、サービス料がなぜ「10パーセント」なのかという疑問もわいてくる。

10パーセントという数字に、業界の約束事のようなものがあるわけではない。12パーセント、13パーセントといった半端な数字より、キリのよい10パーセントのほうが計算しやすいという理由から、採用している店舗が多いようだ。高級旅館などには、15パーセントのサービス料をとるところもあるように、サービス料金の設定は店側の判断にまかされている。

サービス料は、宿泊料金案内やメニューなどに記載する義務があり、記載されていなければ、支払う必要はない。ただし、たいていその記載は〝ごく控えめ〟。とくにレストランの場合、サービス料をとられることを知らずに入ったお客と店のあいだで、「こんな小さな字で書かれても、読めないだろッ！」と、ひと悶着《もんちゃく》起きることもある。

納得のいかないお金を払わないためにも、高級店にいくときは、予約時に「サービス料」の額を確かめておきたい。会計時にサービス料を払う、払わないでもめては、せっかくのディナーも興《きょう》ざめだし……。

「家電量販店」の値引き限度額は値札にこっそり書いてある⁈

家電量販店には、「ウチはポイント還元《かんげん》で値引きしているので、それ以外の値引きはしない」というスタンスの店が少なくない。

しかし、「もう少し安くならないの？」と持ちかけて、店員が電卓を叩きながら値引き交渉に応じるそぶりを見せたら、すかさずその視線を追ってみてほしい。店員がさりげなく値札を見たら、そこに「値下げに応じられる限度額」が記されていることがあるからだ。

量販店の値札には、商品の値段やポイント還元率、ＪＡＮコード（商品管理コード）などが書かれているが、その数字のなかに〝暗号〟がひそんでいることがあるのだ。

たとえば、ある家電量販店では、値札の右下に５～８ケタの数字が並んでおり、それを特定の数字で割ると、値下げの限度額が算出できるという。

また、値札のある場所に２～３ケタの数字が並んでいて、それを逆から読むと限度額がわかるという。

とはいえ、これらの場合、暗号を解《と》く公式がわからなければ、限度額を知ることはできない。

それよりも、確実な方法で安く商品を買いたいなら、店員の人選に注目したほうが効率的といえる。

家電量販店にも、社員、アルバイト、派遣がいる。そのなかで、誰に声をかけるかによって、割引き可能か、あっさりNOといわれるかが、分かれてしまうこともある。

割引きの販売許可が出せるのは、基本的に社員だが、トータルの販売額を管理しているフロア責任者に当たれば、思いきった値引きを引き出すことも不可能ではない。

コーヒーの価格はマネーゲームに左右される?!

２０１０年末ごろからはじまったコーヒー豆の価格

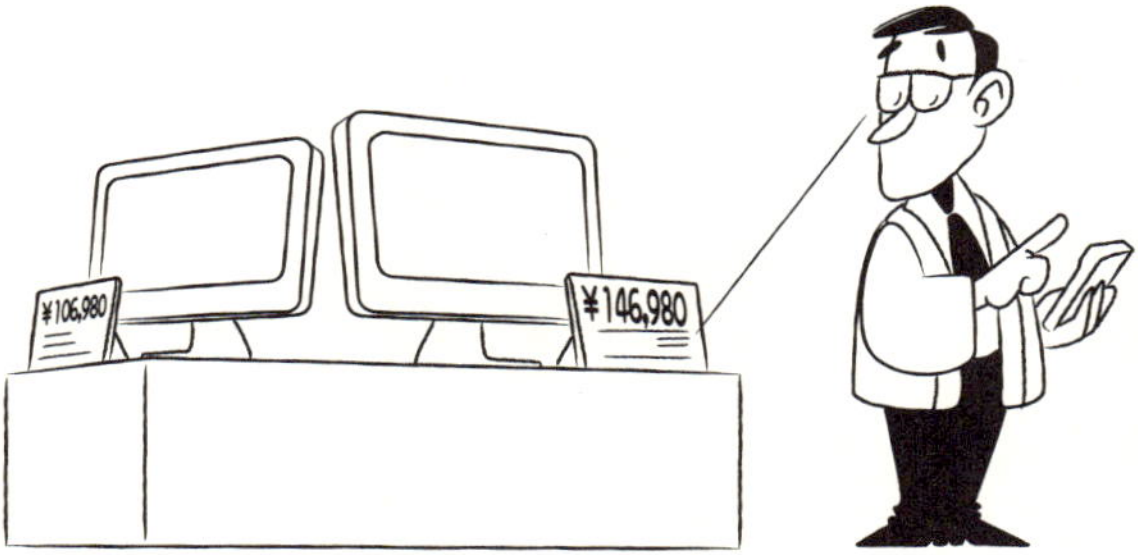

高騰《こうとう》。大手メーカーが相ついで値上げを発表したほか、コーヒーショップのスターバックスでは、小サイズのコーヒーを値上げするかわりに、大サイズを値下げするなどの価格調整を行なった。

食後の一杯を心おきなく楽しみたい。そんなコーヒー好きにとって、今後の価格動向が気になるところだが、そもそもコーヒーの国際価格はどのようにして決まっているのだろうか？

現在飲まれているコーヒーには、大きく分けて2つの栽培種がある。1つは生産量の70パーセントを占《し》めるエチオピア原産の「アラビカ種」。もう1つが、西・中央アフリカ原産の「ロブスタ種」。こちらは、おもにインスタントコーヒーの原料となる。

そして、アラビカ種はニューヨーク、ロブスタ種はロンドンの商品取引所の先物取引市場で価格が決められ、それらが世界のコーヒー価格の指標となっている。もちろん農作物だから、生産国の天候による収穫量の増減などによって、価格は変動する。しかし、コーヒー豆の高騰は、それだけが理由ではない。

世界中で飲まれているコーヒーは、トウモロコシや小麦などとおなじように、先物取引の対象になっているため、原油やゴールドのようにマネーゲームの対象にもなっているのである。

たとえば、コーヒー豆の大生産国のブラジルの天候によって価格が動くと、そのほかの生産地とはまったく関係がない話でも、他の生産地のコーヒー豆の価格も変動する。

また、最近では、新興国・中国の消費拡大が価格に影響を及ぼしている。世界の人口の2割近くを占める中国人がコーヒーをよく飲むようになり、コーヒー豆の品薄状態がつづいているというわけである。

コーヒー豆を100パーセント輸入に頼っている日本では、消費者はもちろん、コーヒーショップも、コーヒー豆の高騰が起きないことを願っている。

クルマの燃費、カタログの数字と実際の差は？

ガソリン代が高騰しがちな今、車は見てくれや走り

よりもダンゼン燃費！というユーザーも少なくないだろう。たとえば、エコカーの代表トヨタのプリウスは、カタログ掲載の数字によると、1リットルあたり1800ccの車で38キロメートルも走る。リッター30キロ以上走るとされる車は、このほかにもぞくぞく登場している。

しかし、過去に燃費がセールスポイントの車を買った人は、「いや、じっさいにはそんなに走れません」と感じることが多かったのではないだろうか。カタログで見た数字と、じっさいに走ってみた感覚には、どうしてもズレが生じるからだ。というのも、車のカタログに記載された燃費は、運輸省《うんゆしょう》（現在の国土交通省）が定めた「10・15モード」という測定方式にのっとって、決められた条件で走行し、燃費を割り出していたからだ。しかも、基本的に平らな道をエアコンをつけずに走行するという条件つきだった。

そうやって、カタログ記載の燃費は弾《はじ》き出されていたのだから、実用に使ったときの燃費が、その数字に届くはずもなかった。

そこで国土交通省では、2007年7月から新たな測定方法「JC08モード」を導入。平らな道でエアコンをかけない設定はおなじだが、より実燃費に近くなるように走行条件を複雑化した。

２０１１年４月以降は、新モードでのカタログ表示が義務づけられているため、以前とくらべれば、実燃費に近い数字が表示されるようになっている。

株式の銘柄の並び方は何の順番なのか？

新聞の株式欄《らん》（証券欄）には、各銘柄《めいがら》の前日の株式市場での「始値《はじめね》」「高値《たかね》」「安値《やすね》」「終値《おわりね》」「前比」「出来高」の一覧が載っているが、その銘柄の並び順はどうやって決まっているのだろうか？

社名の「あいうえお」順かというと、そうではない。「会社の大きい順」とか「会社の古い順」でもない。いったい、どういう法則で並んでいるのかというと、単に「証券コード」という数字順に並んでいるだけ。

株式市場では、３０００近い銘柄が取引されており、それぞれの銘柄に「証券コード」という４ケタの番号がついている。新聞の株式欄の各銘柄は、その４ケタの数字の順番どおりに並んでいるのだ。

ただし、証券コード自体は、ランダムにつけられているわけではない。たとえば、日立製作所の証券コードは６５０１、東芝は６５０２、三菱電機は６５０３と、すべて頭に「6」がついている。これは、証券コードのルールに、「機械・電気」関係は6000番台と決められているからだ。例外の企業も一部あるが、頭の6は、この3銘柄が「機械・電気」関係の銘柄であることも意味している。

新聞の一覧表で、各銘柄が「農水・鉱業」「建設」「食品」「繊維・紙」「化学・薬品」といった「業種」別にまとめられているのも、そのためだ。

たとえば、「水産」にかかわる銘柄は1300番台、「建設」に属する銘柄は1800から1900番台と決まっているので、証券コード順に並べると、おのずと業種別にまとまるのである。

2

ゴルフで「ホールインワン」がみごと達成される確率は?

その確率の意外な真相

2時間サスペンスの犯人が、新聞のテレビ欄でわかる確率！

新聞のテレビ欄《らん》の2時間サスペンスドラマの枠には、出演者の名前がズラリと並んでいるもの。むろん犯人役はドラマのキーパーソンであるため、その欄内には犯人役の俳優名が載《の》っていることが多い。

そこで、「2時間サスペンスの犯人の確率が一番高いのは、新聞のテレビ欄で何番目に名前が載っている俳優か」が調べられたことがある。

ある年に放送された、民放各局の2時間サスペンスドラマ、約200本をすべてチェックし、犯人が、テレビ欄の何番目に書かれているかを調べあげたデータである。

その調査によれば、犯人だった回数がもっとも多かったのは、3番目に名前を書かれた俳優で、その確率は31パーセントにのぼった。3回に1回は、3番目が犯人というわけである。

ついで、第2位は、4番目に名前を書かれた俳優で29パーセント。第3位は、5番目で20パーセントだった。

身近に「同じ誕生日の人」がいる驚きの確率は?

ひょんなことから、誕生日が近いことがわかると、その人に親しみを覚えることはないだろうか? 1年は365日もあるのに、そのなかでも誕生日が近いというのは、何かその人と縁《えん》があるように感じるからだろう。

しかし、計算してみると、誕生日が近いどころか、おなじである人は、身近にいてもおかしくないことがわかる。

たとえば、25人の集団で「誕生日がおなじペア」がいる確率を計算してみよう。まず、誕生日の前に、25人の人間がペアを組むと、何通りの組み合わせができるかを計算すると、25人×本人以外の24人=600通りあることがわかる。

ただ、「AさんとBさんのペア」と「BさんとAさんのペア」は組み合わせがおなじなので、これを2で割って半分にすると、600÷2=300通り。そこから、おなじ誕生日の人がいるかを計算すると、300通り÷年間365日=0・82となり、じつに82パーセントの確率で、誰かと誰かの誕生日がおなじになることがわかる。

これがもし、40人のクラスだとすると、40×39÷2＝780通りのペアができ、それを365日で割ると、2・14になるので、2組ほどおなじ誕生日の人がいる計算になる。

「誕生日がまったくおなじ」というと、その相手と運命的なものを感じるかもしれないが、じっさいの確率はこの程度のものである。誕生日がおなじか近いというのは、じつは珍《めずら》しいことでもなんでもないのだ。

犬も草食化?! 衝撃のオス犬〝童貞〟率とは

ペットブームの昨今《さっこん》、犬を子犬のころから手元で大事に育てたという人は少なくないだろう。そこではたと気がつくのは、ペットとなっているオス犬の性体験の有無である。

離乳後、すぐに人間のもとにやってきた子犬は、その後もほかの犬とあまり接触することなく育つので、多くのペット犬が性体験なしに一生を終えていく。では、現在のオス犬の〝童貞〟率は、どれぐらいなのだろうか?

結論からいえば、今、飼われているオス犬の99パーセントは、生涯〝童貞〟で終わる。そもそも、ほかのメス犬と接触する機会がないのだから、当然といえるかもしれないが、たとえメス犬に引き合わせたとしても、性行為の仕方そのものを知らないので、オス犬が立ちすくむケースが多いという。

その原因となるのは、もちろんほかの犬との接触不足である。今のペット犬は、人とのコミュニケーションは濃密だが、生まれてほどなく兄弟犬と引き離されてしまうため、遊びでマウント行動（背中に乗って疑似性交すること）を体験していない。普通は、子犬や幼犬同士でも優位性を示すために相手の背中に乗るものだが、その経験が少ないので、成犬になっても性行動をうまく行なうことができないのだ。

だから、そんなオス犬をメス犬に引き合わせても、遠慮がちでメス犬に関心を示さない。何とかマウントできるオス犬もいるが、メス犬が体を揺《ゆ》すって嫌がると、

簡単にあきらめてしまう。

オス犬の世界でも、人間同様、草食化とセックスレスが進行中のようである。

ホールインワンが達成される確率は？

ゴルフでホールインワンを出すには、テクニックだけではどうにもならない。そこには、ボールをグリーンの上にのせる技術に加えて、運も必要になってくる。ホールインワンが達成される確率は、はたしてどれぐらいなのだろうか？

ホールインワンの確率を知る方法として、保険会社のデータを参考にしてみよう。

日本では、ホールインワンを出すと、キャディーさんへのご祝儀《しゅうぎ》、同伴競技者へ記念品贈呈《ぞうてい》など、まとまったお金をプレーヤー本人が支払う慣《なら》わしがあるため、万が一ホールインワンが出たときのために、「ホールインワン保険」という保険が用意されているからだ。

そうした保険をめぐって、保険会社が算出するホールインワンが出る確率はというと、150～170ヤード程度の距離なら、1万2000分の1程度だと考えられるという。

もちろん、その確率は距離が短くなるほどアップし、135ヤードになると1万5000分の1程度まで確率は上がるとみられている。いっぽう、距離が延びれば確率は逓減《ていげん》し、200ヤードなら1万4000〜1万5000分の1ほどの確率に下がるとみられている。

飛行機事故に遭う確率は、1400年に一度?!

ひとたび事故を起こせば、大惨事《さんじ》になる飛行機。520人もの犠牲者を出した1985年（昭和60）日航ジャンボ機墜落《ついらく》事故の印象が強いせいか、飛行機に乗るたびに墜落の心配が頭の隅をよぎる人もいるだろう。では、飛行機事故に遭《あ》って死ぬ確率は、いったいどれぐらいなのだろうか？

たしかに、1950年代後半から60年代に生産された第一世代のジェット機には、構造や設計に問題がある機体があり、しばしば事故につながっていた。

しかし、さまざまな改良の結果、70年代までのあいだにジェット機の事故は減少した。現在では、事故に遭う確率は格段に下がり、毎日飛行機で1往復したとしても、1400年に1回のペースにまで下がっているという。

たしかに、飛行機事故に巻き込まれれば助からない可能性が高いものの、事故に巻き込まれる確率が、毎日乗っても１４００年に一度の割合であるならば、ほかの乗り物にくらべて安全性は高いということになる。

むしろ交通事故のほうが、２０１１年だけで国内で69万９０７件も発生し、４６１１人が亡《な》くなっていることを思うと、飛行機に乗るよりもよほど地上の交通事故のほうが恐ろしいといえる。

ちなみに、１４００年に一度という割合は、航空会社を問わない場合の話だ。もし、アフリカや南米、アジア圏の飛行機を利用せず、日本や欧米諸国の航空会社に利用範囲を絞《しぼ》れば、５５００年に一度程度まで飛行機事故に遭う確率は下がると推算されている。

ボウリングで、パーフェクトゲームを記録する確率は？

ボウリングでパーフェクト・ゲームを達成するには、12回連続でストライクを出さなければならない。最初の９フレームで１回ずつストライクを出し、10フレームで３回連続してストライクを出せば、見事パーフェクト・ゲームの達成である。では、パーフェクト・ゲームを記録する確率は、どれくらいなのだろうか？

全米ボウリング協会（ＡＢＣ）のデータによると、協会が公認したリーグ・ボウラーが投げたとすると、１ゲームあたりの確率は約４０００分の１だという。

これを少ないと見るか、多いと見るかだが、50年前には64万分の１の確率だったことを思えば、ずいぶん確率は上がったということができる。その理由としてあげられるのが、ボールとピンとレーンの変化だ。

まず１つに、近年、ボールの重量が重くなったことが、ストライクを増やしているという指摘がある。

そしてボールが重くなった反面、ピンが昔にくらべて軽量化したことも、ストライクの出やすさにつながっている。重いボールを軽いピンに当てるため、ピンは大

きくバウンドして、ほかのピンもなぎ倒すからだ。

さらに、レーンに塗《ぬ》られるオイルにも工夫が施《ほどこ》され、なるべくボールがヘッドピンに向かうようにオイルが塗られるようになっている。もともとレーンにオイルを塗るのは、木材を保護するためと、ボールの回転を維持するためだったが、オイルと得点の関係が研究されるにつれて、じょじょに高得点がでやすい方向に改良されているのだ。

そうした要因が重なって、パーフェクト・ゲームが出る確率は、1ゲーム当たり4000分の1にまで上がったのである。もちろん、ガーターばかり出している腕前では話にならないが、それなりの腕前であるならば、チャレンジする価値がありそうな確率である。

エベレストの登頂で、成功と絶命の確率は?

エベレスト登頂といえば、登山家にとって大きな夢。世界最高峰のエベレストの標高は8848メートル。1852年に世界最高峰であることがわかり、インド測量局長官のイギリス人、ジョージ=エベレストの名にちなんで命名された。では、エベレスト登頂に成功する確率は、どれぐらいあるのだろうか？

年間に何人の人がエベレストを目指し、何人が成功しているかについては、残念ながら公式の記録はない。

ただ、エベレストにかんするインターネットのサイトを見ると、料金を支払って登山した人の5分の1は成功し、40分の1は亡くなっているとしている。つまり、もし40人がエベレストに向かって出発したとしたら、そのうち8人は登頂に成功し、1人は命を落とし、残りの31人は登頂はできないものの、無事帰還できるという計算になる。

エベレストを目指すほどの登山家でも、約20パーセントしか登頂に成功しないのだから、やはり世界最高峰への道のりは険しいといえるが、近年では死者の数は減

少し、登頂に成功する確率も以前よりは上がりつつあるという。

その大きな理由は、水蒸気は通すが雨は通さない防寒着や、呼吸を助ける高性能の呼吸機器など、登山にまつわるハイテク機器が登場したことである。

コットンやウールといった天然素材からなる防寒着を着て、酸素補給も原始的な方法をとっていたころにくらべると、登山者を助けるグッズが豊富にそろっているほか、エベレストの頂上まで案内してくれる現地ガイドもいるため、登頂成功者が増えてきたのだ。

しかし、登山環境が向上したとはいえ、2000年のように、エベレスト登頂を目指した登山家が15人も亡くなった年もある。世界最高峰がひじょうに危険な山であることに変わりはないのだ。

3

サッカーの公式戦で 149点、まさかの試合内容とは?

こんなオモシロ数字、知ってた?

4月4日、6月6日、8月8日はかならず同じ曜日になる?!

4月4日、6月6日、8月8日。この3つの日にちには、ある共通点がある。毎年決まっておなじ曜日になるのだ。

ためしに、2012年のカレンダーで見てみよう。4月4日、6月6日、8月8日はともに水曜日である。さらに、ほかの年もカレンダーで確認してみると、2011年はすべて月曜日、2010年は日曜日、2009年は土曜日だったことがわかる。

なぜ、このような現象が起きるのだろうか?

その理由は、4月4日と6月6日、6月6日と8月8日のあいだの日数が63日（9週間）であること。

つまり、7（7日間）で割り切れるため、つねにおなじ曜日になるのだ。これは、うるう年でも変わることがないので、この3日は永久におなじ曜日になる。同様の理由から、10月10日、12月12日も4月4日や6月6日、8月8日と同様おなじ曜日になる。

ただ、偶数の〝ゾロ目日〟のなかでも、2月2日だけが仲間はずれで、おなじ曜日にはならない。

2月が28日（うるう年の場合は29日）までしかないため。2月2日の63日後は、4月6日（うるう年の場合は4月5日）になってしまうのだ。

この〝ゾロ目日〟の法則は、奇数の日にも部分的に当てはまり、3月3日、5月5日、7月7日の3日と、9月9日、11月11日の2日は日数間が63日のため、おなじ曜日になる。また、うるう年だと1月1日、9月9日、11月11日がおなじ曜日になる。

サッカーの公式戦で149点、伝説のゲームの内容とは

サッカーの公式戦で、149点も入った試合があるという。いったい、その試合では何が起きたのだろうか？

2002年10月29日、マダガスカル選手権の決勝戦2日目・エミルヌ対アデマ戦では、2対1でエミルヌがリードしていた。終盤、エミルヌに反則があったとして、アデマにPKが与えられる。PKは決まり、試合は2対2の同点に。エミルヌ側は

審判の判定に抗議したが、聞き入れられず、試合は同点のまま終了した。

そして、決勝戦最終日。その時点で、前試合の引き分けによって、エミルヌ優勝の目は消えていた。

そこで、監督は、前試合の判定が誤審であることを訴えるよう、選手たちにある提案を持ちかけ、選手たちも賛成した。

試合開始のホイッスルが鳴り、選手たちは勢いよくフィールドに駆《か》け出していった。そして、開始早々、エミルヌの選手は、自陣ゴールにボールを蹴《け》り込んだ。唖然《あぜん》とする相手チームや審判をよそに、それからエミルヌの選手はつぎからつぎへとオウンゴールを決めていった。

そして、試合終了まで、自分たちのゴールにひたすらシュートを蹴り込みつづけ、149対0で抗議の大敗をしたのだった。

奈良のシカの数はこんなことして数えている！

毎年10月になると、奈良公園の名物、シカの総頭数が発表される。それにしても、あの広い公園を自由に歩き回っているシカの数をどうやって数えるのだろうか？

それは、人海戦術《じんかいせんじゅつ》。奈良市には「鹿愛護会」という組織があって、その呼びかけで毎年、数十人の有志が集まり、シカを一頭一頭、目で確認して数えているのだ。

といっても、昼間はシカが動き回り、正確に数えることができないため、その作業は夜明けと同時に開始される。シカがまだ寝ているあいだに数えてしまうのだ。

そのさい、公園をいくつかのブロックに分け、数人ずつのチームでブロック内を歩き回り、シカの頭数を数えていく。そして、各ブロックごとの数字を合計して総頭数を発表している。

「龍安寺石庭」の15の石が一度に見えない不思議

京都の龍安寺《りようあんじ》といえば、枯山水《かれさんすい》の代表的名庭。枯山水は、石や砂などを水に見立て、山水の景色を表現する庭園形式をいう。

龍安寺は臨済宗《りんざいしゅう》の禅寺で、1450年(宝徳2)、有力守護大名の細川勝元《ほそかわかつもと》が創建したと伝えられる。その直後、応仁《おうにん》の乱で焼失するが、勝元の実子・政元《まさもと》によって再興された。名物の石庭は相阿弥《そうあみ》の作と伝えられ、1994年に世界遺産に登録されている。

この石庭、わずか75坪しかないのに、じつに広々として見える。これは、目の錯覚《さっかく》が利用されているからだ。塀《へい》の高さが奥に向かって少しずつ低くなっているなど、じっさいよりも庭を広く見せかける視覚トリックが仕掛《しか》けられているのだ。

その石庭には、敷《し》きつめられた白砂の上に大小15個の石が配置されている。だが、境内《けいだい》のどこから眺めても、15個すべての石を見ることはできない。かならず1個以上の石が、ほかの石に隠れて見えないようになっているのだ。

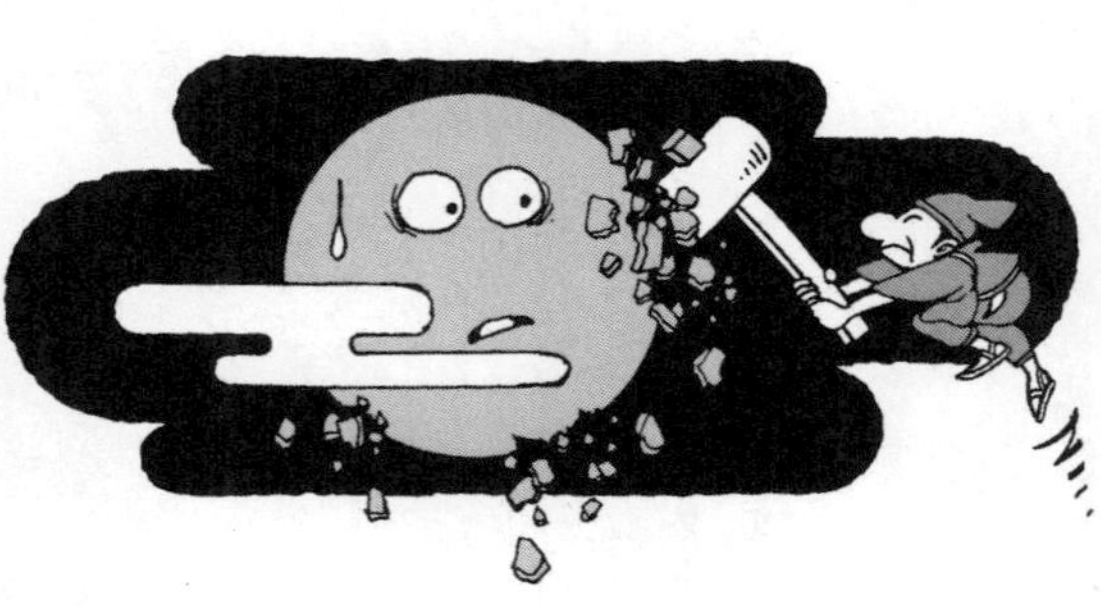

もちろん、作庭者は何らかの狙《ねら》いを秘めてそのように配石したのだが、その狙いとは何だったのだろうか？

有力な説は、15という数字が「十五夜（満月）＝完全」を意味するので、わざと不完全にしたという見方である。満ちた月はその瞬間から欠けていく。そこで、物事は完成したときから崩れはじめるといった考えから、あえて15個すべての石が見えないように配石されたと考えられるのだ。

宇宙船内の温度は何度に決められている？

人が快適に感じる気温は、一般的に夏季が21～25℃、冬季が18～20℃だといわれている。季節によって若干のちがいはあるものの、だいたい20℃前後が人がもっとも心地よく感じる気温のようだ。

では、大気圏外を飛ぶ宇宙船内の気温は、いったい何度に設定されているのだろうか？　たとえば、アメリカのスペースシャトルの船内の室温は、18～27℃の範囲で設定されていた。船内の温度設定にはとくに取り決めはなく、宇宙飛行士の好みで調節されていたのだ。

ただし、男女のあいだでは、快適と感じる室温に3℃ほどの温度差があるので、男女の混合ミッションの場合は、互いに気を配りながら温度調節をしなければならない。男性にとって快適な温度は女性にとってはやや寒く、女性にとって快適な温度にすれば、男性はやや暑く感じるからだ。

「マラソンのコース」は、じつは42・195キロより長い?!

マラソンのコースの長さといえば、42・195キロメートルのはず。ところが、現実のコースはその距離よりも少しだけ長めに設定されている。なぜだろうか?それは、マラソンはコースが長いだけに、多少の誤差が出ることを織り込んでいるためだ。

マラソンコースを設定するさいには、メジャーで距離がはかられている。担当者が道路の左端から1メートルのところを歩いて、全コースを測定するのが原則だ。むろん、多少の誤差が出るので、プラスの誤差にかぎって0・1パーセントまでならOKと決められている。いっぽう、距離が短いと記録が無効になってしまうので、20メートルほど長めに距離を設定することが多くなるのである。

北緯40~45度を泳ぐ マグロが最も美味しい理由

マグロは大きな魚だが、大トロはわずかしかとれない。可食部に占《し》めるその割合は10パーセント以下だ。しかも、天然のマグロの場合、北緯40度から45度のあいだで獲《と》れたマグロでないと、大トロの部分はさらに少なくなる。

大トロは、身に脂肪が入ってできる部位。マグロが北緯40~45度あたりを流れる寒流を泳ぐうち、いわば防寒具がわりに身につく脂肪を含む部位が大トロなのだ。暖かい海を泳ぐマグロは、防寒具を必要としないので、赤身ばかりが多くなり、大トロはほとんどとれなくなるのだ。

なお、世界には多数のマグロ漁場があるが、北緯40~45度に位置する漁場は、カナダ沖と日本の北海道沿岸くらいしかない。

駅の時計は、なぜ どれも、いつも正確なのか?

鉄道の駅には、昔ながらの丸いアナログ時計やデジタル表示の時計が、ホームごとに設置されている。しかも、時間がくるった時計はひとつもない。忙しいビジネスマンも、駅へ入ったら、腕時計で確認するより、駅の時計に目をやることが多いのではなかろうか。

それにしても、駅の時計は、なぜいつも正確なのだろう?

いちいち駅員さんが時計を合わせているはずもなかろう——と思ったら、鉄道の駅では、「親時計」に合わせて「子時計」が動く、「システムクロック」というシステムが採用されているのだ。

これは、時間の基準となる親時計が、鉄道本社や駅事務室に設置されていて、子時計は、親時計と連動しておなじ時間を表示するしくみ。そのため、親時計が正確であれば、すべての時計が正確な時刻を表示することができるというわけだ。

では、親時計の時間合わせは、どのように行なわれているのだろうか? 最近は、電波時計とおなじようなしくみで、自動的に時刻を補正するシステムが増えているが、従来のアナログ時計を合わせるときは、117に電話をかけて時報を聞き、親時計の時間をセットする。意外にも、原始的な方法がとられているのだ。

いっぽう、駅にいる職員さんの「腕時計」も、徹底した時間合わせが行なわれている。始業前の点呼のさい、一斉に時間を合わせているのである。

ただ、〝始業前〟といっても、鉄道会社の勤務は交代制だから、職員が朝に全員そろうわけではない。そのため、交代が行なわれるたびに、時計を合わせている。

新幹線の清潔さを保つ車内清掃の7分間マジック

世界の人々から見た日本の第一印象は「清潔」に尽《つ》きるという。空港、ホテル、デパートなど、日本のどこへいっても、清潔だと称賛《しょうさん》する外国人が少なくない。

たしかに、日本は清潔な国だが、そのなかでも、とりわけ新幹線の車内を清潔だと感じる人は多いだろう。いつ乗っても、車内にはゴミひとつ落ちていないし、座席の背もたれにかぶせられたシートはいつも真っ白。それもひとえに、車内清掃のおかげだが、どのようにして清掃しているのだろうか？

新幹線の〝清掃激戦区〟は、毎日210本以上の新幹線がホームにすべり込んでくる東京駅。折り返して発車するまでの停車時間は、平均して12分。客の乗降に5分かかるとして、車内清掃できる時間はたったの7分しかない。その7分間で、車内の隅々までクリーンにしている人たちがいるのだ。

清掃チームは、16両編成・全1323席の「のぞみ」の場合、50名からなる体制で臨《のぞ》んでいる。その人数で、客車、トイレや洗面台の清掃から、ゴミ出し、給水までを行なっている。

清掃チームはおもに女性で構成され、1車両は、基本的に2人で担当している。降りてくるお客を笑顔で迎えると、すばやく車内に入り、まずはペットボトルや缶を回収。「もたれ」と呼ばれる背もたれの白い布を取りはずし、座席をくるりと回転させて、新しい白い布をかぶせていく。

つぎに、座席の背、座面、へりについたホコリやゴミをほうきで落としながら、シートが濡《ぬ》れていないかを確認。最後に床をほうきとモップではく、という具合だ。

伊勢エビ漁の解禁日はなぜ10月1日なのか?

ワインの新酒「ボジョレー・ヌーボー」の解禁日は、11月の第三木曜日。この日より前に販売することを禁じたのは、早売り競争を防ぐためだ。

かつて早売り競争が過熱し、ワインとして十分にできあがっていないものまで市場に出回ったことで、「ボジョレー・ヌーボー」のブランドに傷がついた。それで、解禁日が設《もう》けられるようになったのだ。

という具合に、「解禁日」には、それなりの合理的な理由があるもので、これは漁業の世界でもおなじことがいえる。

たとえば、伊勢エビ。国内有数の産地である三重県では、10月1日を伊勢エビ漁の解禁日としている。理由は、「伊勢エビの産卵期が9月で終わるから」。9月までの漁を禁じることで、産卵期や成長期のエビが乱獲《らんかく》され、エビの総量が減るのを防いでいるのだ。

富山県以西では、11月6日がズワイガニ漁の解禁日とされているが、こちらも理由はおなじである。

解禁日の決め方は、むろん魚介類によって異なっている。サンマなど全国で獲れる魚にかんしては、総漁獲量や禁漁期の全国的ルールが定められているが、それはむしろ例外。たいていは都道府県や地元の漁協が、独自に禁漁期間を設定している。

ちなみに、三重県の伊勢エビ漁解禁日は10月1日で

も、県内の、各漁協がこの日から一斉に漁をはじめるわけではない。

見た目が豪華で価格の高い伊勢エビの需要がもっとも高まるのは、12月のはじめから年末商戦にかけて。浜値が高くなるのも、漁が盛んに行なわれるのも11月以降のことなので、11月までは禁漁としている漁協もある。

小銭の流通量がとくに減っている理由とは

経済は、お金が社会をめぐることで成り立っている。ヒトの体も、血のめぐりがよければ新陳代謝《しんちんたいしゃ》が上がって健康になるように、経済も、たくさんのお金が動けば動くほど景気はよくなる。

逆に、お金の動きが鈍ったり、量が減ったりすると、不景気になる。だから、景気の動向を見るうえでは、どれほど多くのお金が出回っているかが重要なポイントになる。

そこで、「日本では近年、貨幣の流通量が減っている」というと、「やっぱり、景気が悪いからか」と思う人もいることだろう。

しかし、近年、貨幣の流通量が減っていることには、不景気とはまた別の理由がありそうだ。流通量の減少が顕著なのは、1円玉、5円玉、10円玉、50円玉といった小額の貨幣にかぎられているからだ。

景気の低迷が原因なら、100円玉や500円玉、そして紙幣もおなじように減少するはずだが、そうはなっていない。

なぜ、小額貨幣だけが減っているのだろうか?

いちばんの理由は、電子マネーの普及である。電子マネーの使用者が急増しはじめたのは2004年のことで、小額貨幣が減りはじめたのも、ちょうどそのころからのことなのである。

最近では、Suica（スイカ）やPASMO（パスモ）、Edy（エディ）などの電子マネーをもっていない人のほうが珍しい。また、駅の売店などでは、携帯電話で支払いをすませる人を普通に見かけるようになった。ようするに、それら電子マネーの普及によって、小銭の出る幕が少なくなったため、世の中に出回る小銭の総数も減っているというわけだ。

ユーザーの立場に立てば、電子マネーはかさばらないし、買い物のたびにポイントもつく場合も多いのでおトク感もある。この傾向は、これからもさらに拡大していくことだろう。

「1円玉の製造量」が43年ぶりにゼロになった！

２０１１年、１円玉（流通用）の製造量が、１９６８年（昭和43）以来、43年ぶりにゼロになった。

造幣局《ぞうへい》によると、２０１１年には45万６０００枚の１円玉がつくられたが、それらはすべて記念品として販売する「貨幣セット（ミントセット）」用。その「貨幣セット」は、未使用の通常貨幣６種類を各１枚ずつプラスチックケースに入れたもので、１７００円（２０１１年の場合）で販売されている。

一般流通用の１円玉が製造されなかったのも、10円玉などとおなじように〝小銭を使わない人〟が増えたからである。ＥｄｙやＳｕｉｃａ、ＷＡＯＮ（ワオン）、ｎａｎａｃｏ（ナナコ）といった電子マネーの普及が進み、１円玉の使用頻度《ひんど》が落ちてきているのである。

ここで、１円玉の歴史をふりかえっておこう。１９５３年（昭和28）、それまで使用されてきた１円黄銅貨の廃止が決まり、１９５４年に新しい１円アルミ硬貨のデザインが一般公募された。すると、約２６００点にのぼる応募作品が寄せられ、表の「若木」と裏の「1」のデザインは、それぞれ別の人の作品が選ばれた。そこで、受賞作に賞金7万5000円を用意していた大蔵省《おおくら》(当時)は、ふたりの受賞者にそれぞれ3万7500円ずつを贈呈したという。

その後、製造枚数量が急増したのは、平成にはいったころのことで、1990年に27億1000万枚でピークを迎える。これは、1989年に消費税(当時3パーセント)が導入され、釣り銭用に多数の1円玉が必要になったためである。

ところが、1997年に消費税が5パーセントに増税されると、1円玉はさほど必要ではなくなり、製造量は徐々に減っていく。とりわけ、2001年には約800万枚しか製造されなかったため、その年の1円玉は、古銭商《こせんしょう》などで比較的高値で取引されている。

食中毒の営業停止日数は何を基準に決められる?

「△△県のホテルで80人症状　3日間営業停止」「居酒屋○○、事故を隠蔽《いんぺい》か。食中毒事故で7日間の営業停止処分」。テレビでは報じられないローカルで小規模な食中毒事故も、インターネットで検索すれば、頻繁《ひんぱん》に起きていることがわかる。

それらの記事で気になるのは、食中毒が起きた場合の営業停止日数だ。

食中毒の停止処分の本来の目的は、食中毒が起きた施設を消毒したり、施設を改善して衛生状態を回復すること。また、再発防止のため、従業員教育に必要な時間をとるために設定されるものだ。

ただし、現実的には、食中毒を起こした店舗への罰則としても機能していることは、ご存じのとおりである。

ただ、その営業停止日数は、「3日間の営業停止」「5日間の営業停止処分」や「改善措置《そち》がとられるまで営業禁止」など、日数にちがいがある。その日数は、何を基準に決められているのだろうか？

食中毒が起きたとき、飲食店にくだされる処分の基準は、都道府県や政令市など、それぞれの自治体が定めている。だから、都道府県などによって処分の基準

はまちまちだ。

たとえば、ある県では、被害者の人数が多いか少ないかを営業停止日数の基準にしている。しかし、別の県では、「3日間」「5日間」などと具体的な日数を定めた営業停止処分は行なっていない。どのようなケースもすべて期限を定めない「営業禁止処分」となる。

というのは、以前、日数を定めて営業停止処分にした店が、その期間内に衛生状態を改善できず、ふたたび営業停止処分を受けることになったからだ。そこで、すべての店を期限を定めない「営業禁止処分」としているのである。そして、違反状態がなくなり、再発防止策が整った時点で、営業禁止を解除する、というルールにしている。

旅客機のトイレの数はどう決められている?

旅客機のトイレは、多くも少なくもなく、ちょうどいい数の設備がそなえつけられているようである。

食事後など、2~3人程度の順番待ちをすることはあっても、機内に長い行列ができるという風景には、そうはお目にかからないものだ。

では、いったいどのようにして、機内に最適なトイレの数を弾《はじ》き出しているのだろうか？

その数は、乗客の使用頻度と排泄《はいせつ》量の研究から、科学的に割り出されている。まず、調査によって、乗客1人当たりの排泄量が1時間当たり0・1リットル程度だということがわかっている。

つぎに頻度だが、当然のことながら、長距離路線になるほど、使用回数は多くなる。2〜3時間のフライトならトイレにいかない人もいるが、飛行時間が8〜10時間にもおよぶと、ほとんどの人が一度はトイレを利用することになる。

そうしたデータから総合的に判断して、トイレの数は、短距離路線で50〜60人に1か所、中距離路線で40〜50人、長距離路線で30〜40人に1か所と見当がつけられ、トイレの数が決められている。

その結果、乗客が少ない小さな旅客機で3か所程度、大型の旅客機で長距離路線ともなると10か所以上、多いものになると19か所ほど、トイレが設置される。

航空会社によって、数や配置は多少異なるが、おおよそこのような基準で旅客機のトイレの数は決められている。

飛行機にもスピード違反ってある？

空を飛ぶ飛行機にも、スピード違反はあるのだろうか？

空の上にはパトカーも白バイもいないが、スピード違反は存在する。各飛行機のスピードをコントロールしているのは、地上の管制官だ。とりわけ、羽田や成田のような大きな空港ともなると、日々多くの飛行機が離着陸しているので、空港周辺を高速で飛ぶと、飛行機同士が接近したときに事故の確率が高まるからだ。

そこで、高度1万フィート（約3000メートル）は250ノット（時速約460キロ）以下、空港周辺の管制圏では200ノット（時速約370キロ）以下で飛ぶように定められている。空の上でも、制限速度が厳密に決められているのだ。

これらの制限速度を守らないと、航空法で罰せられ、罰金のほか、免許停止や取り消しの処分を操縦士は受けることになる。

ただし、機内で急病人が発生し、一刻も早く着陸して病院に運ぶ必要が出た場合は、話が別になる。そうしたときは、管制官に緊急事態を宣言し、特別な許可をもらってから制限速度をオーバーすることができる。

それ以外の通常の飛行では、操縦士は管制官から指示された飛ぶ速度のプラスマイナス10ノット以内の速度を厳守しなければならない。

自転車にはスピード違反はないってホント?

免許を取得しなくても乗れる乗り物といえば、自転車である。最近は「ガソリン代がかからず経済的」「体を動かすので健康的」「排気ガスを出さないので環境にやさしい」などの理由から、自転車人気が高まっている。

そんな手軽な乗り物の自転車には、「最大時速何キロメートルまで」という法定速度が定められているのだろうか?

じつは、自転車には、法定速度は定められていない。エンジンのみで走る原動機付き自転車は、法定速度は時速30キロと決められているが、自分でペダルをこぐ自転車の場合、どこからがスピード違反という取り決めはないのだ。

ただし、自転車は法律上、軽車両に分類され、無謀な運転は処罰の対象となる。厳格には運用されていないとはいえ、法律上は、左側通行や交差点での一時停止などの基本的なルールを守れなかった場合は、3か月以下の懲役《ちょうえき》、または5万円以下の罰金。飲酒運転も禁止で、5年以下の懲役、または100万円以下の罰金が待っているので、注意が必要だ。

自転車には免許制度がないので、違反切符を切られることはないが、書類送検されて裁判にかけられ、罰金の支払いを命じられる恐れはあるのだ。

また、事故を起こすと、民事上の大きな責任を問われることもある。高校生が運転する自転車が歩行者に衝突《しょうとつ》し、相手に大ケガを負わせたため、5000万円もの賠償《ばいしょう》金の支払いを命じる判決が下されたケースもある。

自転車は、免許がないため、気軽な乗り物と油断しがちだが、交通事故の加害者にならないよう、車とおなじように十分な注意が必要な乗り物といえる。

道路の制限速度は誰が、どう決めている？

車を運転していると、制限速度が道路ごとに細かく変わることに気がつく。道路の制限速度は、どのような基準で決められているのだろうか？

検察庁によると、最高速度を定める画一的なガイドラインは存在しないという。

もちろん、道路交通法で法定最高速度は「一般道で時速60キロ」と決められているが、あとはそれぞれの道路ごとに、さまざまな要因を総合的に勘案して、各都道府県警察が決定しているという。

では、各都道府県警察は、どのようにして最高速度を定めているのかというと、おもに法定速度を頂点とする「逓減式《ていげん》」と呼ばれる方法がとられている。

たとえば、片側2車線以上で中央分離帯が設けられ、分離歩道もあるような道路は、安全性が高いとみなされ、法定速度いっぱいの時速60キロに決められることが多い。

いっぽう、そのような条件を満たしていない一般道は、最高速度が「逓減」されていく。たとえば、片側1車線の市街地は時速40キロ、住宅街の生活道路など歩行者が多い場所は時速30キロといったように、遅めに設定されるというわけだ。

また、歩行者は少ないものの、交通量が多いために騒音や振動、大気汚染といった交通公害が懸念《けねん》される道路では、沿道に住む住民や関係機関との調整で制限速度が定められることもある。

そうした複数の要因から判断されて、制限速度は決められているが、現在では、明らかに制限速度が遅すぎて、現実の車の流れに即していない場所があるとも指摘されている。

国道の番号に秘められた政治的背景とは

国道は、重要都市を連絡する国の管理下にある道路をさすが、その番号はどのようにして決められているのだろうか？

現在、国道は1号から507号まであるが、じつは欠番がかなりの数ある。もともと国道は、早くから開けた土地同士を結んでいたものが多く、その道路の重要性に応じて1級国道と2級国道とに分類され、1級国道には1番から100番、2級国道には101番からの番号を与える計画だった。しかし、交通網が発達するにつれ、区別する意味がなくなったため、その方針は撤回されて、すべてを一般国道にまとめ、それまでに誕生していた1級58号線を最後に、59号から100号までが欠番になった。現在、元1級国道と呼ばれるものが、1号から58号までしかないのは、この方針転換のためだ。

では、元2級国道の101番以降はどうなったかというと、北から南へ番号をつけていく方法を原則としているが、332号が沖縄にあり、333号が北海道にあるなど、例外も多い。

それどころか、国道番号のつけ方には、政治的な力が影響しているとする説もある。国道番号は、2ケタよりも1ケタのほうが格が高いとみられてきたこともあり、かつて有力政治家がいた地域に1ケタの番号が多く割り振られているのだ。この件にかんして、国土交通省も、昔の資料が残っていないため、くわしいことはわからないと回答している。

結局のところ、国道番号をどのように割り振るかについては、明確な基準は存在しないというのが実情のようだ。

モデルや女優は、なぜウエスト「58」と答えるのか？

グラビアなどで活躍するモデルやAV女優にウエストサイズをたずねると、昔からなぜか「58センチ」と答える女性が多い。ためしに、AV女優235人が公表しているウエストサイズを調べてみても、58センチと答えているAV女優が圧倒的に多かった。58センチという数字には、どんな意味があるのだろうか？

この数字には、モデルや女優たちの願望が潜《ひそ》んでいるとみていいだろう。バストやウエストのサイズは〝自己申告制〟なので、彼女らが答えるスリーサイズには「自分がどう見られたいか」という願望が込められていると考えられるからだ。

たとえば、本当のウエストが60センチだったとしても、それでは「太い」と思われかねないので、２センチほどサバをよんで58センチと答えるのだろう。

しかも58センチというのは、多少のリアリティーを感じさせる数字である。56センチや57センチなら、細すぎてウソとばれてしまうかもしれないが、58センチならば、他の人にもおなじように答える人が多いので、そう怪《あや》しまれることはない。かといって59センチでは、60センチとさほど変わらず、太いという印象が拭《ぬぐ》えない。

そうした事情から、モデルや女優のウエストサイズの「相場」は、58センチになっているのだ。一般男性でも「身長１７０センチ」としながら、じっさいは１６８～１６９センチの人がいるように、その１～２センチの差は本人にとっては、ひじょうに大きなちがいなのだろう。

ヨーロッパの国旗に三色旗が多いのは？

ヨーロッパの国旗には、縦縞《たてじま》、横縞ともに三色旗がひじょうに多い。

一般に三色旗というと、フランスの国旗を思い浮かべるが、三色旗の元祖はフランス国旗ではない。1200年前後、現在のオーストリアではすでに三色旗が使われていたし、初めて国旗としたのもフランスではない。1574年、オランダがスペインから独立したあとに、オレンジ（のちに赤）、白、青の三色旗を国旗と制定した。

このオランダの国旗制定後、ヨーロッパ各国はオランダをまねて、三色旗を採用するようになった。現在では、オランダ、フランスをはじめ、ドイツ、イタリア、ベルギー、ルクセンブルク、アイルランド、スペイン、ロシアなど、多数の国々が三色旗を使っている。

トランプの「11」「12」「13」は海外には存在しない?!

トランプの枚数は、すべてで52枚。そのうち、12枚には、人の上半身像が描かれている。それら、トランプの絵札を11、12、13と呼ぶのは、日本だけである。日本以外の国では、J（ジャック）、Q（クイーン）、K（キング）と呼ぶ。

そもそも、「トランプ」と呼ぶのも日本だけ。英語では「プレーイング・カード」か、単に「カード」と呼ばれている。

4

滑走路に書かれた数字でパイロットは何を知る?!

その数字にはどんな意味があるの?

神戸の「1000万ドルの夜景」のちゃんとした根拠とは

六甲山《ろっこうさん》から見下ろす、夕暮れから夜にかけてきらめきを増す美しい夜景は、神戸っ子の自慢のひとつ。観光客にも人気が高く、旅行パンフレットにも「1000万ドルの夜景」とうたわれている。

その1000万ドルという〝値段〟が、過去に値上がりしていたことをご存じだろうか?

神戸の夜景に〝値段〟がつけられたのは、今をさかのぼることおよそ60年前のこと。1953年(昭和28)、電力会社の副社長が神戸の夜景に感動しつつ、「六甲山から見渡せる街では、いったいどれほどの電気が使われているのか?」を調べたことがきっかけだった。

六甲から見下ろせる街は、神戸、芦屋《あしや》、西宮《にしのみや》、尼崎《あまがさき》、大阪など。これらの街の1か月の電気使用量が当時約4億3000万円だったので、1ドル360円で換算した120万ドルから、キリのいい「100万ドルの夜景」と名づけたのが、そのはじまりだった。

しかし、それから20年あまりたった1975年（昭和50）、夜景の値段は一気に1000万ドルに跳ねあがった。円とドルのレートが変化したことに加え、電気の使用量が格段に増えていたからだ。

そのとき、〝夜景の値段〟を算出したのは、六甲ケーブルを運営する六甲麻耶《まや》鉄道。六甲山のガーデンテラスから見渡せる28市町村の電気代を調べたところ、1日に10億円以上の電気代がかかっていることがわかった。これをドルに換算したのが、今なおうたわれている「1000万ドルの夜景」だったのだ。

もうお気づきだろうが、最初の100万ドルは月あたりの電気代であるのにたいし、約20年後に算出した1000万ドルは、1日あたりの電気代。これを月額に換算すれば、単純計算でも1000万ドル×30日で3億ドルになるはずだ。

その20年余りのあいだ、日本経済は高度成長をつづけ、家電製品が隅々まで普及、電力消費量は爆発的に増えて、神戸の夜景もひと月100万ドルから、1日1000万ドルまでに暴騰《ぼうとう》したというわけだ。

そして、「1000万ドルの夜景」と呼ばれはじめてから、35年以上がたった今、神戸の夜景の値段はいったいいくらになっているのだろうか？

六地蔵が「六」でなければならないのは？

数体のお地蔵さんが道端に並んで佇《たたず》む姿を目にしたことがないだろうか。それらのお地蔵さんたちは、まとめて「六地蔵」と呼ばれ、その名前のとおり、六体の地蔵像が並んでいる。では、なぜ「六」という数字なのだろうか？

これには「六道輪廻《りんね》」という仏教の考え方が関係している。

「六道」とは、「死んだあとに生まれ変わる6つの領域」のことだ。それらの領域には、悪いエリアである地獄道、餓鬼《がき》道、畜生《ちくしょう》道、修羅《しゅら》道と、善いエリアである人道、天道がある。

そのうち、どこのエリアに生まれ変わるかは、生前にどのような行ないをしたかによって決まってくる。善い行ないをしていれば、人道や天道に生まれ、悪い行ないをしていると、地獄道や餓鬼道などに生まれ変わる。そのような、生前の行ないが来世に反映するという考え方を、仏教では「因果応報《いんがおうほう》」という。

そして、お地蔵さんこと地蔵菩薩《ぼさつ》は、これら六道に生きるすべてのものに教えを説《と》いて回り、救いの手を差し伸べてくれる菩薩とされている。

そこから、昔の人々は「父や母、そして子どもなど、亡《な》くなった者が六道のどこに生まれ変わっても、お地蔵さんが救ってくれますように」という願いを込めて、六道に対応して六体の地蔵像をつくった。それが「六地蔵」のはじまりとみられる。

六地蔵は、かつては火葬場の近くや、墓地の入り口に多く見かけられた。そのことからも、死者を弔《とむら》うために六地蔵がつくられたことがわかるだろう。

義経はなぜ、八男なのに「九郎」と呼ばれるのか?

源 義経《みなもとのよしつね》は九郎《くろう》義経として知られるが、じっさいには彼は源義朝《よしとも》の八男である。八男なのに、なぜ「九郎」なのだろうか?

『義経記《ぎけいき》』によると、義経は16歳のとき、奥州《おうしゅう》に下る途中、熱田神宮《あつたじんぐう》で元服《げんぷく》した。

そのさい、自分は八男ではあるが、叔父《おじ》の為朝《ためとも》が鎮西八郎《ちんぜいはちろう》と名のっていたので、それを避けて仮名《けみょう》を九郎、実名を義経とすることにしたという。

この記述が本当なら、義経が八男なのに九郎としたのは、有名な叔父への遠慮からだったようである。

「サウザンアイランド《千の島々》ドレッシング」の名前の由来は？

サラダ用のドレッシングのひとつに、「サウザンアイランドドレッシング」がある。マヨネーズとケチャップをベースにしたオーロラソースに、タマネギやピクルス、ピーマンなどの野菜を細かくきざんで混ぜ込んだドレッシングだ。その特徴は、淡《あわ》いピンク色の見た目と、ほのかに甘酸っぱい味わいで、サラダのほか、魚、鶏肉料理などに広く使われている。

このドレッシング、その名を直訳すると「1000の島ドレッシング」となる。野菜がソースに浮かぶ様子が、ある島々に似ていることからこの名がつけられた。その島々とは、北米大陸の五大湖周辺にある「サウザン・アイランド（千の島々）」である。

サウザン・アイランドは、その名のとおり、大小さまざまの島々が浮かぶ景勝地《けいしょうち》。観光シーズンの夏から秋にかけては、サウザン・アイランドをめぐるクルーズ・コースが人気を集めている。もちろん、現地では、本場のサウザンアイランドドレッシングのサラダを楽しむことができる。

ドレッシングに漂う野菜を、湖に浮かぶ美しい島々にたとえるとは、なんとも風雅なネーミングだが、じつはそのルーツをたどると、残り物の野菜をソースに混ぜて食べたことがはじまりだとか。優雅な名前とはうらはらに、倹約精神から生まれたソースだったのである。

「人魚」は、どう数えるのが妥当か?!

人間は「1人、2人」、魚は「1匹、2匹」や「1尾、2尾」と数える。では、上半身が人間、下半身が魚という空想上の生き物「人魚」は、どう数えればいいのだろうか?

アンデルセン童話の『人魚姫』では、人魚は海で助けた王子に恋をして、王子と一緒にいるために、声と引きかえに足を手に入れる。やがて、人魚は、王子が別の女性と結婚することを知り、絶望の果てに海へ身を投げる。

このような、人間的感情をもつ人魚を、魚とは考えにくい。だから、常識的には「人」と数えるのが適当だろう。

また、ギリシャ神話に登場するケンタウロスも、「1人、2人」と数えるのが妥《だ》当《とう》と思われる。ケンタウロスは、上半身が人間で下半身が馬という生き物だが、顔は人間的で、人間の言葉を話すことができる。そのような、人間的特徴をもった生き物を数える場合には、「人」を使うほうが、しっくりくるようだ。

ただ、その生き物が人間にとってよい生き物なのか、悪い生き物なのか、という点も、数え方の分かれ目になるようだ。たとえば、天使は「1人、2人」と数えるが、悪魔は「1匹、2匹」と数えることが多い。『桃太郎』に出てくる鬼も、容姿

は人間的ではあるのだが、人間に危害を及ぼす存在なので「1匹、2匹」と数えるのが普通だ。

京都で「420円」の品物をみかけない理由は?

家計を切り盛りする主婦にとって、日用品や食料品は10円、20円でも安いほうがありがたい。仮に、定価450円の食品を420円で売っている店があるなら、節約主婦は迷わずそちらに足を運ぶだろう。

しかし、買うほうも売るほうも、「4」のつく値段を好まない京都では、「420円? いやぁ、縁起が悪いわぁ」といって、手にとってもらえないおそれがある。4という数字は、死を連想させる〝忌《い》み数〟であり、とりわけ420や4200という数字は〝死に〟や〝死人〟をイメージさせるので嫌われるのだ。4以外にも、160円、1600円が、〝いむ(忌む)〟といって嫌われている。

少なくとも、数珠《じゅず》や袱紗《ふくさ》などの仏具、あるいは祝いの品には「42」や「16」という数字を含む値段はつけられない。それが、京都の慣《なら》わしであり、京都人のこだわりなのだとか。

もっとも、京都で「4」のつく値段の商品が一切ないかといえば、そんなことはない。おなじ4が含まれていても、410円なら「よい」と読めるし、480円を「しやわせ=幸せ」と読めば、たちまち験《げん》のよい値段に早変わり。そうすれば、お客も「縁起がいいわぁ」と喜んで買っていくのだ。

ただ、〝こだわりの京都〟でも、近ごろは事情が変わってしまった。昔は、商売するほうも、験をかつぐ客のために、価格のつけ方に工夫を凝《こ》らしたものだが、1989年に消費税が導入されたこともあって、値段のつけ方がむずかしくなってしまった。それとともに、京都の人々の〝不吉な値段〟にたいする意識も変わり、こだわりをもたない人が増えている。

ランニングホームランが生まれる「4・76秒」とは

野球でランニングホームランが生まれるには、ある条件が必要だ。それは、野手がエラーにならない程度に、ボール処理にもたつくこと。たとえば、フェンスに当たった打球がどちらの方向にはね返るか、外野手が判断を誤った場合などに、ランニングホームランは生まれやすい。

では、野手がどれくらいもたつけばいいかというと、計算上は「4・76秒」以上ということになる。この数字が、どのような計算から弾《はじ》き出されたか、くわしく見ていこう。

ランニングホームランを放つような俊足《しゅんそく》の打者走者の場合、約14秒でベースを1周、ホームまで戻ってくる。守備側がホームにボールを戻すまでにそれ以上の時間を要すれば、ランニングホームランで1点ということになる。

そこで、細かく見ていくと、まず打球がフェンスを直撃するまでに3・3秒程度かかる。その球を外野手が捕球、内野手を中継してホームにまで返球したとすると、外野手・内野手の捕球、送球モーションに1・8秒かかる。

さらに、外野手の捕球地点をホームまで115メートルの場所と考え、外野手・内野手の送球速度を時速100キロ（27・77メートル／秒）で計算すると、ボールが空間を飛んでいる時間の長さは4・18秒となる。

これらの数字を合計すると、9・24秒となる。だから、外野手・内野手の中継がスムーズにすすめば、ランニングホームランどころか、三塁打も成立しないという計算になるが、そこは人間のすること。野手が捕球や送球にもたつくこともある。

打者がベースを1周するのに14秒かかるわけだから、「14－9・24」秒、つまり4・76秒以上もたつくと、ランニングホームランで1点という計算になるわけだ。

日本酒の辛口・甘口を示す「＋1」「－2」の正体は？

日本酒の味わいは、一般に、甘口、辛口、淡麗《たんれい》、芳醇《ほうじゅん》などに分類されているが、それだけで複雑な風味をいいあらわすには不十分。日本酒を選ぶとき、どんな味かすぐにわかるような「単位」でもあれば便利なのに、と思ったことがある人もいるだろう。

そんなときは、酒瓶《さかびん》のラベルをチェックしてみるといい。日本酒のラベルには、「日本酒度」「酸度」という2つの単位が記されており、その組み合わせによって、おおよその日本酒の味がわかるようになっている。

まず、日本酒度とは、日本酒の糖質の量を示したもの。15度の酒の比重を調べ、糖質の量を計測する。

日本酒ラベルの「日本酒度」の欄《らん》には、「＋1」「－2」というように、プラス・マイナスで表示され、プラスの数が多いほど辛口、マイナスの数が多くなるほど甘口になる。分類の目安としては、＋1ならやや辛口、＋1～5は辛口、＋5～15は超辛口の酒だ。

いっぽう、「酸度」は、酒に含まれるコハク酸、乳酸、リンゴ酸などの「酸」の総量をはかったもの。淡麗・芳醇といった味の濃淡《のうたん》をあらわすのに用いられる単位だ。

酸度の平均値は1・3～1・5で、1・5を中心に数字が大きくなるほど「酸味が強く、濃厚な口当たり」となり、数値が小さければ「酸味が弱く、淡麗」な酒となる。

たとえば、日本酒ラベルに「日本酒度＋3」「酸度1・2」と表示されていれば、辛口で淡麗の酒であることがわかる。ラベルを読んで味を予想したあと、じっさいに飲んで〝答え合わせ〟をするのもおもしろいだろう。

鯛焼きの数え方は「1個」、それとも「1匹」？

鯛焼きにも「天然物」と「養殖物」があることをご存じだろうか？

鯛焼きの焼き型には、1個ずつ焼く型と、複数個を一度に焼く型の2種類があり、業界では、1個ずつ焼いたものを「天然物」、複数個を一度に焼いたものを「養殖物」と呼ぶそうだ。現在、本物の鯛と同様、「天然物」は手間がかかるため、数を減らしているという。

さて、鯛焼き店の看板をよく見ると、ある店は「1個100円」、別の店では「1匹100円」などと、その数え方はまちまちだ。いったい、鯛焼きはどう数えるのが正解なのだろうか？

「個」も「匹」も、物の数を数えるための数詞だが、そのちがいは「個」がさまざまな物を数えるのにたいし、「匹」は「犬が3匹」というように、もっぱら生き物の数に用《もち》いるところにある。

鯛焼きの数え方がマチマチになる理由は、鯛焼きが見た目を魚（生き物）に似せ

た餡《あん》菓子（物）であるからだろう。

ただ、鯛焼きは形を魚に似せてあるとはいっても、本物の魚ととらえている人は、いないはずだ。だから、あくまでお菓子（物）として「1個」「2個」と数えるのが正解というのが、言葉の専門家の共通する見方のようだ。

「剣道三倍段」という言葉、その強さの意味は？

「剣道三倍段」という言葉がある。これは、たとえば、剣道初段の人なら、空手や柔道などの三段の人と同等に戦えるという意味。剣道の段は、素手の格闘技の段の3倍に相当するというわけだが、これは本当のことだろうか？

専門家の意見を聞くと、木刀《ぼくとう》をもった場合は「ほぼ、そういえるでしょう」とのこと。有段者が木刀をふるうと、それだけの戦闘力があるのだ。

たとえば、空手家がブロックやレンガを素手で叩《たた》き割る光景を見かけるが、あれは相当の上級者にしかできない芸当。ところが、木刀を使えば、素人でも簡単に叩き割れる。とりわけ、木刀は、硬《かた》い目標物にたいして絶大な威力を発揮する。人間の体の腕やすね、ひざなど、筋肉におおわれていない部分に当たれば、あっけなく骨折するほどだ。

また、木刀を使えば、遠くからでも攻撃できる。空手家など素手の格闘家が、木刀をもった相手にたいしてもっとも困るのは、「間合い」が詰められないことだという。蹴《け》りや突《つ》きが届く間合いに踏み込む前に、木刀が振り下ろされてくるからだ。

また、格闘技の練達者でも、剣道の経験者でないかぎり、木刀の動きを読み取ることは、ひじょうにむずかしいという。というわけで、「剣道三倍段」という言葉は、ほぼ事実を伝えているといってよさそうだ。

歯科検診で聞く「C0」「C1」って、どこからが虫歯なの?!

歯科検診で口を開けていると、「右下4番C0《ゼロ》」「左下3番C1《ワン》」などと、専門用語が飛び交《か》うことがよくある。ここでいう「C」が歯の状態をさしていることはまちがいないが、いったい何を意味する言葉なのだろうか?

歯科検診用語のひとつである「C」は、「caries（カリエス）」の略で、ズバリ虫歯を意味する。

そのCのあとにつく数字は虫歯の進行度で、数字が大きくなるほど虫歯が悪化していることを示す。たとえば、「C０」は、放っておくと虫歯になる要観察の歯にすぎないが、「C１」になるとエナメル質に穴が開いた虫歯の初期段階に達している。

そして「C２」になると、象牙質《ぞうげしつ》まで虫歯菌が侵食した状態で、多くの人が虫歯に気がつきはじめる。歯の見た目も黒くなり、冷たいものを食べたときに歯がしみるようになるなど、自覚症状があらわれはじめるのが「C２」の特徴だ。

さらに「C３」になると、虫歯菌が神経まで達し、ズキズキとした痛みに見舞われる段階に入る。

そして「C４」にもなると虫歯の最終段階で、神経は壊死《えし》し、歯の根だけしか残っていないため、神経をぬくか、抜歯が必要になってくる。

そうなる前、できれば「C０」の段階で手を打つと、早く治療を終えることができることはいうまでもない。

なお、歯科検診用語は「C」以外にも多くある。よく聞く「クラウン」はかぶせ物、「ブリッジ」は入れ歯、「AF」はアマルガム充塡《じゅうてん》、「CF」はセメント充塡を意味する略語だ。

これらを頭の隅に入れておけば、つぎの歯科検診では少しは頭の上で飛び交う専門用語の意味がわかるかもしれない。

野球で「背番号18」が、エースナンバーになったのは?

プロ野球の各球団のエースは、背番号に18をつけていることが多い。かつての西武の松坂大輔《まつざかだいすけ》をはじめ、楽天のマー君こと田中将大《たなかまさひろ》、DeNAの三浦大輔《みうらだいすけ》ら、エースと呼ばれる投手は、18番をつけていることが多いのだ。この数字にはどんな由来があるのだろうか?

結論からいえば、アメリカのメジャーリーグでは、背番号18に特別の意味はないし、日本プロ野球界にも「エースは18番をつけるべし」といった決まりがあるわけではない。

それでも、現実には18番がつけられる理由として有力なのは、プロ野球の創成期に活躍した名投手が18番をつけていたからという説だ。かつて若林《わかばやし》忠志《ただし》や野口《のぐち》次郎《じろう》といった大投手が18番をつけており、その後も巨人では藤田元司《ふじたもとじ》、堀内恒夫《ほりうちつねお》、桑田《くわ》真澄《たますみ》といったエース投手がこの番号を引き継いだために、いつしかエースの番号として定着したのではないかとみられている。

それが巨人のみならず、他球団にも広まり、いつの間にかプロ野球界全体で18番はエースの番号として、認識されるようになったようだ。

ただ近年では、近鉄時代の野茂英雄《のもひでお》や、ダルビッシュ有《ゆう》が日本ハム時代につけていた11番も、右の先発投手にとっては特別の背番号になりつつある。

プロ野球の審判は、背番号ならぬ「袖番号」をもっている！

プロ野球選手に背番号がついているのは当たり前だが、よく見ると、審判の袖《そで》にも番号がついている。選手同様、審判にも背番号があるのだろうか？

結論からいえば、審判にも、一人ひとり、番号が割り振られている。審判の場合は、背中ではなく、袖についているので「審判員袖番号」と呼ばれている。

大リーグを参考にして、パ・リーグでは1977年（昭和52）、セ・リーグでは1978年から導入されたシステムで、誰が審判をしているのかすぐわかるように、名前だけでなく、一人ひとりの審判に番号が割り振られているのだ。

スタート当初は、審判員氏名の五十音順にリーグごとに番号がつけられた。たとえば、セ・リーグでは、1978年当時の五十音順の最初が井野修《いのおさむ》審判員だったため、井野審判員が1番をつけたという具合だ。

現在は、セ・パ合わせて60人ほど審判がおり、全員が審判員袖番号をもっている。以前は、審判もセ・リーグとパ・リーグに分かれていたが、２０１０年から審判部が統合され、両リーグで異なっていた審判のユニフォームや帽子も統一されている。

また、審判の袖番号は、審判がリタイアすると、その審判がつけていた番号は永久欠番になる。現在、審判の人数よりも、数字の大きな袖番号が目立つのは、それだけ永久欠番が増えているからだ。

プロ野球選手が200球でバットを交換する理由とは

プロ野球では、バットの大きさや材質にかんするこまかな規則がある。大きさは、もっとも太い部分の直径が6・6センチメートル以下、全長は106・7センチ以下とされている。また、材質は、一本の木材からつくられることと定められている。

国内産の木製バットの多くは、アオダモという木でつくられている。アオダモは材質がやわらかく、振ったときによくしなるために、ボールを弾《はじ》き返すのに向いているのだ。近年は、北米産のハードメープルも注目されている。

むろん、バットのよしあしは、打撃成績を左右するため、プロ選手はバット選びに細心の注意を払っている。一流選手ともなれば、名人級のバット職人の手づくりによる特注バットを使用している。

ところが、プロ野球選手は、細心の注意を払って選んだバットを、よく手入れしているにもかかわらず、わずか200球ほど打っただけで交換してしまう。木製バットは通常、硬球を1000球は打つことができるのにである。

プロ野球選手が、まだ使えるバットを交換するのは、球を打ち返すうちに少しずつ劣化し、折れやすくなるからである。

むろん、試合中にバットが折れれば、その打席は凡打《ぼんだ》に終わる可能性が高くなる。そうしたリスクを避けるため、200球ほど打つと、惜《お》しげもなく新しいバットに交換するというわけだ。

サッカーで3点決めることを、なぜ「ハットトリック」という?

サッカーの試合で、1人で3点以上の得点をあげることを「ハットトリック」という。この言葉は、もとはイギリスの国技、クリケットの用語だった。

クリケットは野球のルーツとされるスポーツだが、打者をアウトにするのがひじょうにむずかしいため、正式に行なうと、1試合を終えるのに3日間もかかってしまう。そこで昔は、3人の打者を連続アウトにした投手に、その名誉をたたえて、帽子を贈《おく》る風習があった。ハットトリックのハットとは、その帽子のことを意味している。

その言葉が、近代スポーツとしてはおなじイギリスをルーツとするサッカー界でも使われるようになったというわけだ。

五百羅漢の「五百」は、仏像の数ではなかった?!

埼玉県の川越《かわごえ》市に、喜多院《きたいん》というお寺がある。別名を川越大師といい、「徳川家《とくがわいえ》光《みつ》誕生の間」や「春日局《かすがのつぼね》化粧の間」があることで有名だ。

さらに、同寺院には、名物の「五百羅漢《ごひゃくらかん》」像もある。1782年（天明2）から1825年（文政8）にかけて、約半世紀もの月日をかけて建立《こんりゅう》された日本三大羅漢のひとつだ。

羅漢とは、悟りを開いた高僧のこと。同寺院の五百羅漢は、釈迦《しゃか》十大弟子《じゅうだいでし》や十六羅漢などの高僧の像533体に、釈迦如来《にょらい》、文殊菩薩《もんじゅぼさつ》、普賢《ふげん》菩薩、阿弥陀《あみだ》如来、地蔵菩薩といった如来像や菩薩像をくわえて、全部で538体の像が鎮座している。

それらの羅漢像は、「おなじ顔のものは2つとない」といわれるほど、さまざまな表情の変化に富んでいるのが特徴だ。同寺院には「深夜に羅漢の頭を撫《な》でると、1つだけ温かいものがあり、その羅漢は亡くなった親の顔に似ている」という話も伝わっている。

喜多院のほかにも、五百羅漢の像や絵を所蔵する寺院があるのだが、その数は喜多院を含めて、500体ちょうどとはかぎらない。それなのに、五百羅漢と呼ばれるのは、つぎのような故事を背景としているからだ。

釈迦の死後、まだ仏典がなかった時代には、釈迦の教えは記憶と暗唱によって広められていた。しかし、それでは時間がたつほどに、釈迦の教えがまちがって伝えられる心配がある。そこで、弟子たちが集まり、仏典を編集する作業を行なうことにした。その「結集《けつじゅう》」と呼ばれる集まりの第一回目に集まった弟子の人数が、ちょうど500人だったという。

その話が後世まで伝わり、やがて「五百羅漢」として寺院に祀《まつ》られるようになる。「500」という数は、仏典編さんのために集まった弟子の人数だったのである。

青森の十二湖、十三湖。「一〜十一湖」はどこにある？

青森県には、「十二湖《じゅうにこ》」と「十三湖《じゅうさんこ》」という湖がある。

「十二湖」は県南西部の白神《しらかみ》山地の一角にある33の湖からなる湖沼《こしょう》群。透明度の高い湖がブナ林に囲まれ、観光地として知られている。いっぽう、「十三湖」は、津軽半島の北西部に位置し、日本海に通じている汽水湖《きすいこ》。シジミの産地として有名だ。

十二湖、十三湖という名前を聞くと、ほかの数字がついた湖もありそうに思える。ところが、青森県内で名前に数字がつく湖といえば、ほかには十和田《とわだ》湖くらい。残りの一から九、十一が名前につく湖は存在しない。

そもそも、十二湖、十三湖といっても、順番に名前に数字をふったわけではない。

それぞれまったく別な由来をもつ湖が、たまたま十二、十三と順番のように名づけられただけのことなのだ。

まず、十二湖は、山が崩れ、川がせき止められてできた湖沼群だが、崩れた山の頂から見渡しても、33ある湖のうち12個しか見えない。そこから「十二湖」と呼ばれるようになったという。

いっぽう、十三湖は、かつて近くに「十三湊《とさみなと》」という港があったことが、名前の由来。十三湊は、蝦夷地《えぞち》と日本海海運を結ぶ重要な港として鎌倉時代から発展したが、1340年（興国元）に起こった大津波で壊滅的な被害を受け、衰退した。その後、津軽二代藩主・伸牧《のぶひら》が「土佐守」と名乗ったため、「『とさ』と呼ぶと、藩主を呼び捨てにすることになる！」と考えた人々が、「じゅうさん」に湖名の読み方を変えたと伝えられている。

なぜ、ふんどし「一丁」というのか？

「ふんどし」といえば、男性のお尻に、白いひもがぐっと食い込んだ姿を思い浮かべる人が多いだろう。そのふんどしは「1枚」「2枚」と数えるのが普通だが、「ふんどし一丁で外へ飛び出す」というように、「一丁」と数える場合もある。なぜだろうか?

有力なのは、「一丁」という言葉の語感や響きが、ふんどしを締《し》めたときの威勢のよさにぴったりくるから、そう数えるようになったという説。ほかには、ふんどしを締めたうしろ姿を見ると、漢字の「丁」の字に似ているため、という説もある。

そのふんどしの代表格は「六尺ふんどし」と「越中《えっちゅう》ふんどし」。前述のように、うしろ姿が「丁」の形になるふんどしを「六尺ふんどし」といい、祭事での神輿《みこし》の担《かつ》ぎ手が身に着けたり、かつては水着としても使われていた。締めつけがきついため、激しい運動には向いているが、下着として常用するには少々キツい。

いっぽう、「越中ふんどし」は、下着用として使われてきたふんどし。約1メー

トルの布に、胴回り用のひもがついていて、六尺ふんどしとはちがい、お尻を布で包むのが特徴だ。締めつけがゆるいため、体にやさしく、しかも簡単に着脱できる。

最近は「パンドルショーツ」や「ななふん」といった女性用のふんどしが発売されている。冷え症やむくみを改善する効果があるという触れ込みなので、イマイチ体調がすぐれない方は、「一丁」試してみてはいかがだろう。

英語で「86」というと、キャンセルの意味になる！

デパートや小売店などには、お客に知られたくない情報を従業員同士で交換するさい、数字で暗号化して伝えるというルールがある。たとえば、万引きは「10」、従業員の昼休みは「2」、トイレ休憩は「3」などといった具合だ。

おなじように、アメリカのレストランでは、しばしば「86」という数字が使われる。基本的には、さまざまな場面の否定語として用いられる。

たとえば、ウエイターが厨房《ちゅうぼう》に「ソーダ2本」というオーダーを伝えたとする。それにたいして、コックが「そいつは86だ！」と返答したとすると、その「86」は品切れを意味している。

この86（Eighty-six）は、noの俗語である「nix」にひっかけて生まれた言葉とみられている。名詞として使うと「皆無《かいむ》」「拒否」、あるいは「店に入れない客」というような意味をあらわし、動詞として使うと「（嫌な客の）入店を断る、サービスを断る」というような意味をあらわすことが多い。

ミネラルウオーターの「硬度」って、何の度数？

大きなスーパーにいくと、さまざまな国のミネラルウオーターが売られている。それらのラベルを見ると、栄養成分表のほかに「硬度27・9度（軟水《なんすい》）」などと記載されているが、その水の「硬度」とは、何を意味しているのだろうか？

水の硬度は、カルシウムやマグネシウムなど、ミネラルをどれだけ含んでいるかによって決まる。

ミネラル分が多い水は「硬水」と呼ばれ、WHO（世界保健機関）では、蒸留水を硬度ゼロとし、120以上の硬度をもつ水を硬水、それ以下を軟水と区分けしている。先ほどあげた「硬度27・9」は、WHOの基準によれば、120以下の軟水というわけだ。

ただし、どのような基準で硬度をはかるかというと、その調べ方は国によってちがうというのが実情だ。たとえば、アメリカでは「蒸留水1リットル中に炭酸カルシウムを1ミリグラム含む水を1度」としている。いっぽう、ドイツでは「水0・1リットル中に酸化カルシウム1ミリグラムを含む水を1度」としている。日本はこのドイツの基準を採用している。つまり、先述した「硬度27・9」は、「蒸留水0・1リットル中に酸化カルシウムが27・9ミリグラム含まれる」という意味になる。

日本人にとってのおいしい水は、カルシウムやマグネシウムの少ない軟水だといわれているので、硬度27・9度の軟水は多くの人の口に合う水だということができる。

イージス艦の船体に書いてある数字の意味は？

海上自衛隊のイージス艦の船体に、数字が記されていることをご存じだろうか？その数字は艦を識別するためのもので、「艦番号」と呼ばれている。たとえば、イージス艦「あたご」は「177」で、その艦番号を見るだけで、艦名、母港などがわかるというしくみになっている。日本の海上自衛隊の場合、護衛艦は100番台と200番台、ミサイル護衛艦は160番台以降が割り当てられている。

それらの艦番号は、艦種をあらわすアルファベットと組み合わせて表記され、たとえば「あたご」の場合はミサイル護衛艦をあらわす「DDG」と艦番号「177」が組み合わされ、「DDG-177」となる。ほかには、「はたかぜ」は「DDG-171」、「きりしま」は「DDG-174」という具合だ。

この艦番号、船体に書かれる場合は、色や書体が厳密に決められ、海上自衛隊では、ゴチック形の白文字に黒のシャドー（影）をつけたものを使用している。これは、灰色の船体に書いた場合、遠くからでも文字を識別しやすくするためだ。

また、文字の縦横比も定められていて、縦5にたいして横4というのが基本になる。文字の大きさは、艦のサイズに合わせて決められ、イージス艦の場合で縦が2メートルの文字が書かれている。

さらに、上空からの識別も可能なように、たとえば「177」という3ケタ数字のうち、末尾の2ケタ「77」は船体のヘリコプター甲板《かんぱん》にも記されている。

国によっては、敵に発見されることを防ぐため、数字をわざと灰色にして目立たなくさせたり、文字を小さく記入しているケースもある。しかしながら、日本の海上自衛隊は、安全航行に配慮しているため、遠くからでも文字を識別しやすいように、書体や色にさまざまな工夫をほどこしているのである。

滑走路に書いてある数字と「風向き」の意外な関係

空港の滑走路《かっそうろ》の末端に、2ケタの数字やアルファベットが書かれていることをご存じだろうか？

それは「34L」「34R」「16L」「16R」といった数字とアルファベットを組み合わせたものもあれば、「22」や「04」のように数字だけのものもある。何を意味しているのだろうか？

それらの数字は、滑走路の向いている方向をあらわしている。空港の滑走路では、真北を360、真南を180、東を090、西を270、北東を045というように、すべての方向を3つの数字であらわしている。空港の滑走路に記された数字は、このような数字を2ケタであらわしたもので、LやRは左側（Left）と右側（Right）の略なのだ。

たとえば、滑走路に「34」と書いてあれば、飛行機から見て真北から20度西に傾いた340度の滑走路であることがわかる。

このように、方角が正確にわかるように滑走路が整備されているのは、離着陸のときに向かい風を利用するためだ。旅客機はよく「追い風に乗って飛行すると効率がよい」といわれるが、それは巡航高度での話であり、離着陸では別。向かい風を受けて速度を落としたほうが、安全に離着陸できるため、風がどちらの方角から吹くかというのが、重要な問題となる。

だから、新しく空港をつくるときは、土地が準備できても、すぐに建設できるわけではない。空港周辺の風向きを徹底して調べる作業が必要だからで、空港は、いつどちらの向きから風が吹くかを調べ尽《つ》くしたうえで建設されているのだ。

日本では、北西から南東方向への滑走路を配置している空港が多いが、それは真冬に吹く北西からの強い季節風を横風として受けないようにするため。さらに、大規模な国際空港では、通常使用する滑走路のほかにも、横風対策用の滑走路も併設《へいせつ》するなど、急に風向きが変わるといった不測の事態にそなえている。

自動車の「3ナンバー」「5ナンバー」を分ける基準は?

よく「3ナンバーの車」「5ナンバーの車」といった言い方を耳にするが、それらにはどのような意味があり、どういった基準で分類されているのだろうか?

まず、3や5、1や4といった分類番号は、その車が普通自動車か貨物自動車かをあらわしている。普通自動車の乗用車は3、5、7ナンバー、貨物自動車は1、4ナンバー、救急車などの特殊自動車は8ナンバーに決められている。

そのうち、3ナンバーは普通車、5ナンバーは小型車に分類されるが、そのちがいはボディのサイズとエンジン排気量とで決まっている。

まず、小型車である5ナンバーの車は、車体の長さが4・7メートル以下、幅が1・7メートル以下、高さが2メートル以下で、排気量が2000cc以下のもの。3ナンバーの普通車は、その小型車の基準よりも、大きなボディサイズとエンジン排気量のものが該当する。

そうした分類によって、自動車税、自動車重量税、自賠責《じばいせき》保険料のほか、有料道路の料金やフェリー料金、時間駐車場の料金までちがってくるので、たかが番号だとあなどれない。

しかも、ナンバー・プレートに関する法律に違反すると、罰則が科せられる。たとえば、1999年以降、4ケタの数字を選べる「希望ナンバー制」が導入されたが、いくら希望の番号がとれても、その車が廃車になったときは、プレートを返納しなければならない。もし、この法律に違反すれば、「6か月以下の懲役、または20万円以下の罰金」が命じられるので注意が必要だ。

三十三間堂は、なぜ「33」なのか?

京都にある三十三間堂《さんじゅうさんげんどう》は、三尽くしの寺院だ。まずは、その名前。三十三間堂という名は、建物の長さが三十三間あるところからついたと思っている人もいるだろうが、本当は柱と柱のあいだが33あるところから、三十三間堂と呼ばれている。この33という数は、観音様が姿を33種に変えて現れ、信者を危険から守ってくれるという言い伝えにちなんでいる。

なお、じっさいの建物の長さは64間5尺（約118メートル）である。

5

「1世帯の平均貯蓄額、1657万円」に隠されたカラクリとは?

気になる数字を検証したら…

山手線には、同時に何本までの電車が走れるか？

緑色のラインの車両でおなじみの山手線の1日の乗客数は、約３００万人。平日の朝なら約2分30秒ごと、日中は約4分間隔、夕方は約3分おきに電車がくるほど、待ち時間の少ない高頻度《ひんど》ダイヤで走行している。では、いったい山手線全体では、同時に何本くらいの電車が走っているのだろうか？

その前にまず、山手線の外回り、内回りについて整理しておきたい。一周34・5キロメートルある山手線には、円周の外を時計の方向に走る外回りと、内側を逆に回る内回りの2つの線路がある。

その山手線は、もっとも混雑する朝のラッシュ時には、同時に50本ほどの電車が走行している。駅は全部で29しかないが、外回りと内回りの電車が同時に走っているので、だいたい1つの駅間に内・外回りの電車が1本ずつ走っているとみていい。

ちなみに、これほど多数の電車が走っているにもかかわらず、山手線の最混雑区間である上野駅から御徒町《おかちまち》駅間（外回り）のラッシュ時の混雑率は、２００パーセントにも達する。これは、上野駅が宇都宮《うつのみや》線、高崎線、常磐《じょうばん》線などの終点だからで、これらの路線利用者が山手線の外回りに乗って東京駅方面へ向かうため、混雑率が200パーセントを超えるのだ。

国土交通省は、2015年までに同線の混雑率を180パーセント以下にすることを目指し、JR東日本も時差通勤・通学の奨励《しょうれい》を行なうなど、混雑緩和《かんわ》に向けて対策を練《ね》っている。

人間が1日に必要な酸素量をまかなうには、どれくらいの植物が必要?

成人男子が1日に必要な酸素の量は、およそ836グラムである。その酸素は植物の光合成によっても供給されているわけだが、はたしてこれだけの酸素を得るには、どれくらいの量の植物がいるのだろうか?

答えは、サラダ菜やレタスなら70玉から80玉、稲だと畳約25枚分の面積にあたる40平方メートルが必要になる。少なくとも、それぐらいの植物を確保できれば、人が生きるために必要な1日分の酸素を得られるわけだ。

しかし、広大な敷地が必要になるだけでなく、水やりや温度の調節など、手入れに時間がとられるため、それらの植物に酸素供給まで期待するのは効率的とはいえない。

そこで、現在注目されているのは、スピルリナと呼ばれる藻である。スピルリナは、熱帯地方に自生する藍藻類《らんそう》の仲間で、天然のものはアフリカとメキシコでしか自生していないが、木や草よりも効率よく酸素を放出することで知られる。

人間1人が必要とする酸素をつくり出すには、ペットボトル4本分（6リットル）の培養液《ばいよう》でスピルリナを培養するだけで事足りるという。

しかも、スピルリナそのものにも、タンパク質や各種ビタミン、ミネラルがバランスよく含まれていることがわかっている。そのうえ成長が早く、6時間もあれば倍に増えるので、育てながら毎日食べつづけることも可能だ。

スピルリナは、栄養補助食品としても見直されており、最近では天然の食用色素として、ジュースやガム

などの食品にも利用されている。

　このように、場所をとらずに培養できて、酸素も栄養もとれるスピルリナの注目度は、今後もますます上がっていくと思われる。

1本の桜の木には何枚の花びらがついている？

　桜の花は、花びらが散って地面に落ちても美しいものだ。散った花びらが、連なって水に流れていくさまを筏《いかだ》に見立てて「花筏」という言葉があるほどだが、いったい1本の桜の木には、どれだけの数の花びらがついているのだろうか？

　テレビ番組がじっさいに花びらを採取して調べたことがある。その調査は、桜の名所として知られる茨城県常陸太田《ひたちおおた》市の西山公園で行なわれた。対象となったのは、同公園内にある樹齢32年のソメイヨシノで、花びらよりも目の細かい8メートル四方の網で樹木全体をおおい、1枚残らず花びらを採取するという、気が遠くなるような方法で調査は開始された。

　そうして桜の木に密着すること24日間。合計70人もの人々の協力によって桜の花びらは1枚残らずピンセットで慎重に採取され、花びら一枚一枚が方眼紙にセロハンテープで固定された。

桜は開花から18日目ですべての花びらが散ったが、木に1枚でも花びらが残っていないか、クレーン車を使ったチェックも行なわれた。

その結果、桜の木1本についている花びらは、この桜の場合、59万3345枚であることがわかった。この調査が行なわれた桜の木の近くには、桜の花びらをじっさいに数えたソメイヨシノとして、記念の看板が立てられている。

1世帯の平均貯蓄額、1657万円に隠されたカラクリ

総務省の「家計調査」によると、2010年の1世帯あたりの平均貯蓄額は1657万円。

この数字を見ると、「みんなチャッカリ貯め込んでるんだ。ウチなんて……」と落ちこむかもしれないが、この数字を鵜呑《うの》みにしてはいけない。統計上の「平均」には、いろいろなカラクリがひそんでいるからだ。

まず、ここでいう「1世帯あたり」とは、2人以上の世帯を対象にして集計したもの。貯蓄が少ないと思われる単身者は含まれていない。いっぽう、仕事を引退し、

退職金を手にしたリッチなシルバー層は多数含まれている。

また、調査対象には、一部の大金持ちが含まれ、彼らが全体の平均を大きく押し上げているのだ。

たとえば、100人のサンプルから平均年収を割り出す場合、99人が年収500万円だったとしても、あとの1人が大金持ちのIT社長だったら？　100人中の1人でも年収20億円の人がいれば、100人の平均年収は2495万円にも跳《は》ね上がってしまう。

というわけで、平均すると実情とかけはなれてしまう可能性もあるので、貯蓄額をめぐっては「中央値」のほうが実情を反映しているという見方もある。中央値とは、数字を多い順に並べたとき、ちょうどまん中にくる値のこと。

貯蓄額の場合では、1世帯あたりの「平均値」が1657万円であるのにたいし、「中央値」は995万円。

さらに、現役で働いている勤労世帯に絞ってみると、その中央値は743万円まで下がる。ここまできて、ようやく実感のともなう数字に近づいてきたのではないだろうか。

というように、「平均」という数字は、サンプルの抽出《ちゅうしゅつ》方法や条件によって、一般の感覚とまるでちがうものになってしまうのである。

食べ物を床に落としたときの3秒ルールには、根拠がある?!

食べ物を床に落としてしまったとき、よく「3秒以内に拾ったから、食べても平気」などという。これを俗に「3秒ルール」というが、本当に落ちてすぐ拾った食べ物は、口に運んでも問題ないのだろうか?

このルールは、国によって3秒だったり5秒だったりするのだが、かつてその真偽について調べた研究チームがあった。

アメリカの学生のジリアン・クラークとイリノイ大学が共同で調査したところ、床に置いたクッキーに細菌が付着するまでの時間は、じつはたったの1秒。3秒や5秒どころか、食べ物が床に落ちた時点で、かなりの量のバイキンがつくことがわかったのだ。「3秒以内なら問題ない」というのは、やはり俗説だったのである。

じつは、秒数よりも問題なのは、落とした場所がどこかということ。無菌室の床なら3秒どころか3時間後でも問題ないが、動物の畜舎《ちくしゃ》の床なら1秒でアウトということだ。

では、なぜ世界各地に「3秒ルール」や「5秒ルール」が言い伝えられてきたのだろうか?

おそらく「食べ物を大事にすべき」という価値観と、「落ちた食べ物は不衛生である」という認識が相まって、「多少の汚れは人体に問題ない」という考えから、「3秒ルール」などという言葉とともに広まったのだろう。

南極への郵便物はたった80円で届いちゃう!

日本の南極観測隊が拠点とする昭和基地では、現在も24時間365日、さまざまな観測活動が行なわれている。

昭和基地は、通信室や医務室、食堂などをそなえた管理棟を中心に、居住棟、発電棟、研究観測棟などから構成されているが、そのなかには郵便局もある。

ただし、日本郵政の職員が常駐しているわけではなく、南極観測隊員がその仕事を兼務しているのだが、郵便局がある以上、日本からの手紙も届くし、隊員が日本の家族に手紙を送ることも可能だ。

とはいえ、そこは地球の果て。国内の郵便物のように、頻繁《ひんぱん》に届けられるわけではない。同局留めで郵便を送ると、つぎの隊が基地についたとき、各隊員に手紙が届けられる。そのときの郵便料金は、国内郵便とおなじ。つまり、たった80円で手紙のやりとりができるのだ。

といわれても、普通の人は昭和基地に用事もなければ、知り合いもいない。それでも「消印だけでも欲しい」という一般の人に向け、日本郵政では年に一度、期間限定（例年、10～11月ごろ）で、昭和基地内郵便局と、隊員が乗船する南極観測船「しらせ」船内郵便局で、風景通信日付印と、普通通信日付印の押印サービスを行なっている。

宛先を書いて80円切手を貼った封筒に、記念スタンプの押印を受ける台紙（50円切手が必要）や返信用封筒をいれ、ポストに投函する。すると、南極観測船「しらせ」が東京港に帰港した4月ごろに、返事が届くしくみだ。

雨が降ると、スーパーの客足は「何%」落ちるのか？

スーパーマーケットやデパート業界には「一雨15パーセント」という法則がある。「雨が降ると、客足が15パーセント落ちる」という意味だ。たとえば、都心の大型デパートで1日に3万人を集客する店なら、雨が降った日には4500人も客足が落ちるというわけだ。

そこで、スーパーなどでは、雨の日にもお客を集めるため、雨天日用の特別サービスを実施する店もある。雨の日には、生鮮食料品の特売をしたり、ポイントを加算するなどのサービスを用意して、少しでも客足の落ち込みを食い止めようというわけだ。

サッカーのロスタイムは最長「何分」なのか？

サッカーのロスタイム（アディショナルタイム）の長さは、どうやって決められているのだろうか？

これは、選手交代やケガ人が出て試合が中断したさい、主審がいちいち手元の時計を止めてはかっている。原則的には、主審が、その数字をもとにロスタイムの長さを決めるが、2人いる副審も計測しているので、主審から意見を求められることもある。

ロスタイムの長さは通常3～5分くらいだが、その最長記録は何分だろうか？

2005年に行なわれた柏《かしわ》レイソルとヴァンフォーレ甲府《こうふ》の試合でのロスタイムは、なんと「37分」。後半、照明が落ちるというアクシデントがあり、その回復のために、試合が30分以上中断された。その中断分を埋《う》め合わせた試合時間がロスタイムとカウントされたので、「37分」という規格外のロスタイムが発生したのだ。

サッカーのルールでは、「照明やピッチ上の設置物に修復が必要な場合」や「雷雨などの天候の変化により、試合をつづけるのがむずかしいとき」も、ロスタイムとしてカウントされるのだ。

「初老」とは、じつは40歳のことだった！

「初老の紳士」というと、何歳ぐらいの人を思い浮かべるだろうか？

「老」という字を含むことから、人生の酸いも甘いも噛み分けた高齢の男性、というイメージをもつ人も多いかもしれないが、じつは「初老」は40歳の異称である。

中国や日本には、古くから還暦《かんれき》や古稀《こき》など長寿を祝う慣《なら》わしがあり、日本の奈良時代では、40歳を「四十《しじゅう》の賀《が》」として祝っていた。この「四十の賀」が長寿を祝う初めであったことから、初老が40歳の異称となったのである。

また、40歳ごろは、現代でも誰もが多少の老いを感じはじめる年代だが、まして人生50年の昔には、その思いはいっそう切実だったので、40歳を意味する「初老」は老いのはじまりをあらわす言葉としても使われるようになったのだ。

とはいえ、現在は寿命も延びて、世間が考える初老のイメージは変わりつつある。

NHK放送文化研究所が行なった調査によると、初老は60歳ぐらいのことととらえる人が、全体の42パーセントを占《し》めたという。「初老の紳士」と聞いて、白髪頭の男性をイメージしたとしても、現代ではまちがいではないのだ。

ただし、この初老という言葉にたいするイメージは、アンケート対象者の年齢によって、若干異なるという。50代の人は、初老を平均で59・1歳と回答しているのにたいし、10代は48・8歳と答えているのだ。つまり、10代にとっては40代後半でも十分初老だと思えるが、50代ともなると、初老は自身より上の年代の人のことだと思うようだ。

スズメが「50年前の10分の1」に減っているって本当?

日本では、スズメの数が減りつづけている。調査によると、スズメの国内生息数は、50年前にくらべると、1割にまで減少しているという。

環境省と農林水産省のデータによると、有害鳥獣《ゆうがいちょうじゅう》としてのスズメの駆除《くじょ》捕獲《ほかく》数は、1960年代にくらべて30分の1に、スズメによる農作物の被害面積は60分の

1にまで減っている。それらの数字から推計すると、スズメはこの半世紀で10分の1以下に減っている可能性が高いとみられるのだ。

たしかに、いわれてみれば、昔ほどスズメの姿を見かけず、チュンチュンという鳴き声を耳にしなくなった気がするが、スズメがそれほど数を減らしている原因は何なのだろうか？

おもな理由としては、住居の近代化と未舗装《ほそう》道路が減っていることがあげられる。近代的な住宅には、スズメが巣をつくるような場所がないうえ、多くの道路や空き地が舗装・整備されたために、スズメが生きる場所の多くを失ったのだ。

また、農村部でコンバインが普及したことにより、落ちモミが減り、スズメのエサが不足しているという指摘もある。スズメは、古くから人間とコメの争奪戦をくり広げてきたが、近年、機械の性能がアップしたことで、コメのおこぼれにあずかることもできずにいるようなのだ。

このような要因からスズメの数が減っているのはまちがいないが、それでも国内にはまだ約１８００万羽がいるとみられ、絶対的な個体数は依然多い種類といえる。

そのため、今のスピードで減少していっても、まだしばらくは絶滅の恐れはないと専門家はみている。

避暑地は、東京にくらべてどれくらい涼しいのか？

「避暑地」とは、文字どおり「暑さを避ける地」のこと。では、全国の有名避暑地は、どれくらい涼しいのだろうか？

ここでは、人気の避暑地5か所と東京都心の気温差を調べてみよう。計算のもととするデータは、気象庁が発表している7月の最高気温の平均値である。

夏場、観光客が詰めかける避暑地のなかで、もっとも涼しいのは中部地方の「立山《たてやま》・黒部《くろべ》」である。立山・黒部地域の最高気温は12・6℃。東京の29・4℃よりも、16・8℃も低いのだ。これだけ涼しいのだから、夏場、立山・黒部アルペンルートをめぐる観光旅行に人気が集まるのも無理はない。

つぎに、意外と避暑に向いているのは九州・熊本の

「阿蘇《あそ》」で、東京よりも6・4℃低い23℃。九州なのに意外と涼しいのは、標高が1000メートルもあるため。ほかの標高が高い避暑地とくらべると、朝晩の気温差が少なく、過ごしやすいのが特徴だ。

那須《なす》ハイランドパークなどで有名な栃木の「那須塩原《しおばら》」は23・7℃で、東京より5・7℃低い。また、避暑地の代表格「軽井沢」は、東京より4・7℃低い24・7℃だ。

意外なのは、ラベンダー畑で有名な北海道の「富良野《ふらの》」。平均25・7℃で東京と3・7℃しか変わらない。涼しげなイメージとは裏腹に、盆地であるため、北海道のなかでは暑い地域なのだ。

ゼロカロリーは、本当はゼロキロカロリーではない?!

「ゼロカロリー」や「カロリーオフ」という飲料を見かけるようになって久しいが、本当にカロリーがまったくないのか、疑問に思ったことはないだろうか?

お察しのとおり、「ゼロカロリー」飲料のカロリーはゼロではない。それでも「ゼロカロリー」とうたえるのは、法律で「100ミリリットル当たりのカロリーが5

キロカロリー未満なら、ゼロカロリーと表記してもよい」と明記されているからだ。つまり、100ミリリットル当たり5キロカロリー未満なら「ゼロ」と名乗っても、いいというわけである。

そこで、各メーカーは、甘味づけにはおもに人工甘味料を使って、5キロカロリー未満という基準をクリアしているというわけだ。

爪切りで爪を切ったときに飛ぶ爪の速さは?

爪切りで爪を切ると、思わぬ方向に爪が飛んでいくことがある。とくに、爪切りに受け皿がついていないタイプのものだと、爪が収まる場所がないので、より遠くまで飛びやすくなる。では、そのとき飛んでいく爪は、時速何キロメートルぐらい出ているのだろうか?

この問題について、計算力学の専門家が、80人の指の爪を切って実験を重ねたところ、爪切りと爪が平行になるようにしてゆっくりと爪を切ると、もっとも速く爪が飛ぶことがわかった。なかでも、手の親指の爪の端を2ミリほど切るのが、爪の飛ぶ速度を増すにはベストの切り方だという。爪の端をゆっくり切ると、爪が反り返り、もっとも大きな力が爪にはたらくからだ。

さらに実験では、飛んでいく爪の動きを見逃さないよう、2000分の1秒の瞬間までとらえられるスーパースローカメラが導入された。

そうして、飛ぶ爪の画像をコンピューター処理し、その速さを算出した結果、爪は2000分の1秒あたりに約0・55センチ移動したことがわかった。

この数値を2000倍して、1秒あたりの爪の移動距離を計算すると11メートルになり、それを時速に直すと39・6キロになる。

これは、2009年に男子100メートルの世界記録を打ち出したウサイン・ボルトよりも、やや速い記録だ。

指揮者ナシでの演奏は何人までなら可能？

一口にオーケストラといっても、小規模で弦楽器中心の室内管弦楽団、大規模なシンフォニーオーケストラ（交響楽団）など、その人数と編成にはいくつかの種類がある。

そのうち、もっとも規模が大きいシンフォニーオーケストラは、指揮者なしで演奏するのは不可能だといわれている。

ときに、ウィーンフィルハーモニー管弦楽団のニューイヤーコンサートで演奏される『ラデツキー行進曲』のように、指揮者が観客に向けて指揮棒を振るという「ファンサービス」が取り入れられることもあるが、それはあくまでもアンコールだからこそできる一種の余興《よきょう》。大人数が各パートを受けもつ複雑な作品では、統率する指揮者がなくては、演奏がうまくまとまらない。

では、少人数のオーケストラならどうだろう？ たとえば、イ・ムジチ合奏団のような十数名の弦楽オーケストラの場合なら、ヴァイオリンを演奏するコンサートマスターが指揮者の役割を果たすことができるので、指揮者なしでも曲を奏《かな》でることができる。

ならば、30名前後の室内管弦楽団の場合はどうかというと、そのあたりが、指揮者が必要かどうかの境界

線になるとみられている。

室内管弦楽団は、シンフォニーオーケストラにくらべれば小規模とはいえ、弦楽器、管楽器、打楽器からなり、演奏する曲も大編成のオーケストラと多くが共通している。

そのため、演奏会までの練習では、曲を解釈し、全体を交通整理をしてくれる指揮者は欠かせないが、当日の演奏では、30人前後ならギリギリ指揮者を置かずに演奏することも可能であり、じっさいに指揮者不在で演奏することもある。

その場合は、十数名の弦楽オーケストラのときとおなじように、コンサートマスターがやや大げさに体を動かしたり、ほかの団員に視線を送るなどして、全体を引っ張っていくことになる。

肉眼で数えられる星はいくつある？

近年、プラネタリウムの人気が復活の兆《きざ》しを見せている。一時は入館者数が減っていたが、投影機のデジタル化によって映像の質が向上したことで、新規開業やリニューアルが相つぎ、ブームが再来しつつあるのだ。

もちろん、プラネタリウムで美しい星空を眺めるのもいいが、プラネタリウムに出かけなくても、夜空を見上げれば、無数に光る星が見えるはず。肉眼で見える星は、いったいどれくらいの数あるのだろうか？

星は明るい順に1等星、2等星、3等星と分類され、肉眼で何とか見える明るさを放っているのは6等星までだといわれる。

この各等級の星の数は、だいたいわかっており、1等星は12、2等星は67、3等星は190、4等星は710、5等星は2000、6等星は5600ほどの星が確認されている。

したがって、これらの数字を足せば、肉眼で見える6等星以上の星は、8500強あることがわかるわけだ。

しかし、すべての星が同時に確認できるかというと、そうではない。地平線の下は見えないので、8500の半分程度は隠れてしまい、さらに低い位置に見える星は、もやなどでかすむため、確認できなくなる。

したがって、地上の光に邪魔されず、かつ空気がきれいな場所でも、肉眼で見える星の数は、最大で3000個ほど。ネオンなどで夜でも明るい都会の場合は、肉眼で見える星の数は文字どおり数えるほどになる。

F1で1秒短縮するためにはいくらお金がかかる?

F1では、各チームが1秒でも記録を縮めようとして、しのぎを削《けず》っているが、タイムを1秒短縮するために、いったい、いくらのコストがかかっているのだろうか?

それを知るために、まず車体関係の費用を見ていこう。

自動車メーカー系のチームの場合は、車体の開発・製造、テスト費用がおもな出費となる。

上位クラスのコンストラクターの場合、車体とエンジンのグレードアップにあわせて200億円はかけている。

たとえば、相手に1周あたり1秒の差をつけられているとする。だからといって、つぎのレースで相手より1秒速い車を開発しても、勝ち目はない。相手は、さらにスピードを上げてくることが予測されるため、2~2・5秒は速くしなくてはならない。

ということは、車体とエンジンの性能向上に200億円投資しているとすると、

1秒縮めるのに必要な額は、約1000億円という計算になる。

千手観音の手はじっさいには何本ある？

千手観音《せんじゅかんのん》とは、千の手をもって、余すところなく衆生《しゅじょう》を救ってくれる観音様のこと。ただ、千手観音の仏像には、どう見てもじっさいに1000本の手があるとは思えない。

仏像の千手観音には、何本の手がついているのだろうか？

現在、残されている千手観音像には、合計42本の手をもつものが多い。中央で合《がっ》掌《しょう》した2本の手と、その左右にそれぞれ20本ずつの手が広がり、合計42本あるという姿が一般的だ。

その理由は、1000本の手をつくるのは大変という現実的なものだったのだろう。千手観音像は、時代が下るにつれて、その手の数を減らしてきたという経緯があるのである。

そうして生まれたのが、42本で1000の手をあらわすというスタイルだった。まず、1本の観音の手で25の世界の人々を救うと考え、20本の手×2（左右）×25

という計算になり、40本の手で1000の世界をくまなく救うことができるとされていた。

それに中央で手を合わせた合掌手の2本を合わせて、42本とするのが、千手観音を仏像であらわすさいのスタンダードな形になったのである。

ただし、奈良の唐招提寺《とうしょうだいじ》の千手観音のように、本当に腕が1000本ある像も存在する。現在は、その手の一部が失われて953本になっているが、それでも1000本近い腕がじっさいにあるのだから、迫力満点である。

また、なかには、京都の清水寺《きよみずでら》の千手観音のように、頭上に2本の腕を高く上げているといった特別な形の千手観音像も存在する。

清水寺の千手観音は、頭上にかかげた2本の腕の分だけ人々を救う力が強いとされ、「清水型観音」として古くから信仰を集めている。

柱時計は、最初の音が正しい時刻なのか?

『大きな古時計』という歌にも登場する振り子式の柱時計。その世界最大の時計は日本国内にある。東京都の西新宿、新宿NSビルの吹きぬけに設置された時計の振り子の長さは、じつに22・5メートル。7階建てのビルの高さに相当し、ギネスブックにも認定されている「世界一のっぽの柱時計」だ。

その柱時計は、ボーンボーンと鳴る回数によって、時刻を知らせてくれる。たとえば午後3時になると「ボーン、ボーン、ボーン」と3回鳴るわけだが、そのいくつめの音が正しい時刻を伝えているのか、ご存じだろうか?

柱時計は、毎正時に長針が12を指すと、内部のツメがはずれ、音が鳴るしくみになっている。だから、何時であっても、最初に鳴る音がその時計なりの正しい時刻をあらわしている。

振り子時計の歴史をふり返ると、発明されたのは1657年のこと。クリスティアーン・ホイヘンスという人物が振り子の「等時性《とうじせい》」を利用し、第1号を製作した。その後、19世紀までは、すべての時計のなかで「もっとも正確な時計」とされていたが、振り子時計にはひとつ大きな弱点があった。みずからが振り子の揺《ゆ》れによって時間をはかる分、振動にひどく弱いのである。

だから、鉄道や船などの乗り物内で使用することは困難だった。20世紀、乗り物が急速に発達し、また電気時計やクオーツ時計が登場したことによって、柱時計はじょじょに活躍の場を失っていく。21世紀の今では、もっぱらレトロな歌詞のなかで、名前を聞く存在となっている。

腕相撲にはいくつの決まり手があるか？

「相撲四十八手《しじゅうはって》」という言葉があるが、腕相撲にも同様に48の決まり手があるという。ただし、欧米などで広く行なわれているアームレスリングではなく、日本式の腕相撲の話である。

日本腕相撲協会の公式ホームページによれば、48の技が認定され、それらの技は大きく8種類に分けられている。その8種類は、①崩し技、②誘い技、③おさえ込み技、④起こし技、⑤極め手技、⑥出し技、⑦中間技、⑧特殊技というもの。

たとえば、⑤の極め手技に含まれる「平極め」や「九十度回転極め」といった技は、それが腕相撲かと疑いたくなるほどに、上半身を大きく倒すフォームが特徴的だ。

欧米式のアームレスリングでは、肘《ひじ》を動かすとファールになるが、日本腕相撲協会がルールを定めている日本式の腕相撲は、肘を台から離さなければ、肘も体も一定の範囲内で自由に動かすことができる。つまり、日本の腕相撲は、腕だけでなく、上半身全体、腰や足まで使うスポーツなのだ。ただの腕力くらべではないため、相撲と同様、多様な技が磨《みが》かれてきたというわけだ。

世界にくらべ、日本の自殺率が高いのは、なぜ？

警察庁の発表によると、２０１１年中の自殺者の総数は3万６５１人と、年間3万人を超えている。

これを人口比で見た自殺率で国際比較すると、日本の自殺率は、アメリカやフランスのほぼ倍、イタリアやイギリスの4倍にものぼる。日本の自殺率は、先進国のなかでは群をぬいて高いといわざるをえないのだ。日本の自殺率は、なぜこれほどまでに高いのだろうか？

日本の自殺の概要を見ると、いずれの年代も男性が女性よりも多く、全体の７割を占めていることがわかる。また、年代別に見ると、日本は中高年男性の自殺が他国にくらべて多いことがわかる。その理由の１つにあげられているのが、中高年男性の鬱《うつ》病だ。

中高年の男性は、家庭でも職場でも責任が重くなる時期にあたり、そのストレスから鬱病を発症しやすいともいわれる。とくに、仕事上の悩みがきっかけとなって、鬱状態に陥《おちい》ることが多いと分析されている。

「リストラにあい、就職先が見つからない」「定年で仕事を辞めた」といった日常生活の変化から、落ち込んでやる気が出なくなったり、老後の生活に不安がつのり、鬱状態に陥り、それが引き金となって自殺に至るケースが多いとみられている。

超小柄?! ペコちゃんのスリーサイズは?

不二家の人気キャラクターといえば、ペコちゃん人形である。そんなペコちゃんのスリーサイズは？

「小柄な女の子」という印象のあるペコちゃんだが、そのスリーサイズは上からバスト58センチ、ウエスト55センチ、ヒップは63センチで、身長は1メートル、体重は15キログラムにつくられているという。

不二家公式サイトによると、ペコちゃんが誕生したのは1950年（昭和25）で、不二家の店頭人形としてデビューした。

そして1958年（昭和33）に懸賞《けんしょう》公募キャンペーン「ペコちゃんいくつ？」が行なわれ、そこで「永遠の6歳」と決定された。お店に飾る少女の人形としてつくられたペコちゃんだが、6歳という年齢は後づけだったわけだ。

ちなみに、2011年の文部科学省の調査によると、6歳女子の平均身長は約115・6センチ、平均体重は約20・8キロだという。比較すると、15センチほど背が低く、5キロ近く軽いペコちゃんは、同世代の小学1年生の女の子たちにくらべると、〝小柄〟なほうだといえるだろう。

6

カラオケの消費カロリーはどうやって計算されている?

あれって、どんな仕組みで、はかってる?

カラオケの消費カロリーは、どうやって計算されている?

カラオケで歌ったあと、カロリー消費量を画面に表示してくれるのが「カロリーカラオケ」。

歌うだけでカロリーが消費できるならと、いつもより大声を出してみたり、激しくシャウトしてみたり……。だが、歌い終わったあとの〝くたびれ度合い〟とカロリー消費量は、かならずしも比例しないようだ。

じつは、そのカラオケで消費されるカロリーは、「声を出している時間」と「声の大きさ（声量）」をもとに算出されている。

スポーツクラブなどの協力を得て、カロリー消費のサンプルを集計し、平均的なカロリー量を割り出す。そのデータに、歌っているあいだの発声量や時間、歌い方などを加味して、消費カロリー量が計算されている。

いうまでもないが、歌うときにどれほど激しく踊《おど》っても、体の動きによるカロリー消費は計算されない。カラオケ機が計算のもととするのは、あくまで歌である。

カロリー消費量を高めるコツは、大きな声で歌うこと。

静かな曲より激しい曲、なかでも「発声時間の長さ」が肝心なので、感情を込めて力強く歌いあげるバラード曲が向いている。間奏の長い曲は、発声時間が短くなるのでNGだ。

なお、通信カラオケDAMの第一興商《だいいちこうしょう》が2010年3月に発表した「消費カロリーの高い曲目ランキング（ポップス部門）」では、1位がMisia『Everything』、2位は湘南《しょうなん》乃《の》風《かぜ》『睡蓮花《すいれんか》』、3位はコブクロ『赤い糸』だった。演歌では、石川さゆりの『天城《あまぎ》越《ご》え』、大川栄策《えいさく》の『さざんかの宿』などがオススメ。

立って歌ったほうが自然と腹式呼吸になり、声量もアップする。よりカロリーを消費したければ、歌手になり切ったつもりで立ち上がり、感情移入して歌ってみてはいかが？

宇宙飛行士は、宇宙でどうやって体重をはかる?

最近の体重計は、ずいぶん進化している。ヒョイと乗るだけで、体重や体脂肪率をはかれるのはもちろん、最新の「体組成計」なら、内臓脂肪レベルや筋肉量、基礎代謝量、推定骨量まではかれてしまうのだ。

しかし、そんな便利な機械も、宇宙空間では使えない。いきなり何の話かというと、宇宙飛行士の健康管理にかんする問題である。

長期間、宇宙に滞在する飛行士は、無重力空間にいるあいだに、筋肉量が減ったり、骨密度がスカスカになりやすい。だから、健康を管理する体重測定は、地上よりはるかに大切なのである。

しかし、重力のない世界で、普通の体重計は使えない。では、どうやってはかっているのかというと、宇宙ステーションでは、バネの振動を利用して体重を割り出している。

現在、宇宙ステーションで使われているのは、ロシア製の体重計。といっても、ふだん私たちが見慣れている四角い物体ではなく、バネ(スプリング)がついた板のようなものだ。そこに飛行士が乗り、フワフワ浮かないよう、しっかりつかまった状態で、バネを縮めてから放す。

と、バネの反動で、人を乗せた板ごと上へ下へと揺れる。その振動が1秒間に何回あるかを測定するのである。バネの力が一定なら、体重が軽い人ほど振動が多くなり、体重が重い人ほど少なくゆっくり振動する。その作用を利用して、体重を割り出しているというわけだ。

体脂肪計は、どんなしくみで脂肪をはかっている?

体重計の上に乗るだけで、なぜか体のなかの脂肪までわかってしまう体脂肪計。考えてみれば不思議だが、いったいどのようなしくみになっているのか。

それを説明する前に、「そもそも体脂肪って何だっけ?」という人に、解説しておこう。体脂肪とは、体重に占める脂肪の重さの割合のこと。

体脂肪は、体を動かすエネルギー源になるだけでなく、体温維持、皮膚《ひふ》のうるおいを保つ、女性の場合は正常なホルモンのはたらきを保つなどの大切な役割をはたしている。

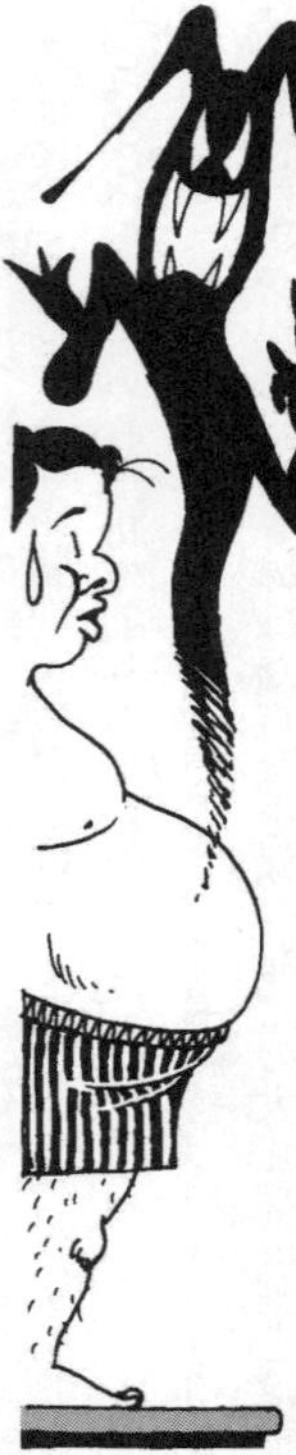

だが、過ぎたるは及ばざるがごとし。あごの下にお肉がたぷついていたり、おなかがせり出してくるほどに脂肪をため込むと、血中脂質や血圧、ひいては脳卒中や心臓病などの生活習慣病を起こす原因にもなる。だから、体重よりも、むしろ体脂肪率を管理することが、病気のリスクを防ぐことにつながる。

そこで登場したのが、家庭でも手軽にはかれる体脂肪計。しかし、乗るだけで、なぜ体内の脂肪率がわかるのだろうか？

じつは、ヒトの体は、水分を多く含む筋肉は電流を通しやすく、水分のない脂肪は電流を通しにくい。その特性を生かして、体にひじょうに弱い電流を流して電気抵抗を測定し、脂肪率を割り出しているのである。

最後に、体脂肪計の上手なはかり方。体内の水分量が安定するのは、午後になってからなので、午前よりも午後にはかる。また、水分をとる食後よりも食前。さらに入浴後は脱水しやすいので、入浴前が好ましい。

というわけで、毎日、夕食前あたりのおなじ時間帯にはかり、体重とともに体脂肪率の経過を追っていくといい。

サッカーのボールキープ率は、どうやって弾き出す？

サッカーでは、「ボールポゼッション」という言葉がよく使われる。ポゼッションは「所有・所持」という意味。ようするに、ボールをキープするという意味だ。ボールをとったとき、少ない人数で攻め込んで、相手にあっけなくボールを奪われるよりは、自分たちでボールをキープしながら、分厚く攻めたほうがリスクは低いし、体力的な消耗《しょうもう》も少ない。それに、ボールを奪われることがなければ、相手に攻め込まれることもないわけで、全体にスムーズな試合運びができる。これが「ポゼッションサッカー」の考え方だ。

そこで重視されるのは、いかにボールをキープできるかという「ボールキープ率」である。サッカーのテレビ中継を見ていると、解説者が「これまでのところ、日本のボールキープ率は57パーセントです」などといっているが、昔はボールキープ率をはかるのに、専門の測定員が配置され、ストップウオッチではかっていた。

現在は、専用のデータ分析システムが使われているのだが、じつはこのシステム、ミサイル追尾のために開発された軍事システムを応用したものだ。「サッカーは国の名誉を賭《か》けた戦争」などというが、じっさいに軍事技術が使われているのである。

それだけに、性能はすぐれモノ。ボールキープ率だけでなく、選手が移動した距離や速さ、90分あたりの総走行距離、パスの成功率なども瞬時に弾《はじ》き出すことができる。

市民マラソンで、タイムが正確にはかれる理由

ランナー人口の増加により、どこのマラソン大会も盛況がつづいている。参加者数万人の大会も少なくないが、どうやってタイムをはかっているのか不思議——と思ったら、昨今のマラソン大会には、つぎのようなハイテクシステムが使われていた。

大会に参加する選手には、事前に「チャンピオンチップ」と呼ばれるＩＣタグが

渡される。５００円玉大のプラスチック製タグで、当日、選手はこれを靴につけて走るのだ。

いっぽう、コース上にはカーペット状のアンテナが敷《し》かれ、ＩＣタグから発信された電波を受信する。このデータから、各選手のタイムを弾き出しているのである。カーペット状のアンテナは、スタートとゴール地点のほか、５キロ地点、10キロ地点など、要所要所に敷かれている。

だから、参加人数が多い大会でも、一人ひとりのゴールタイムに加え、通過タイムも正確にはかれるようになったのだ。

市民ランナーにも大好評のこのシステム、じつは応援団にもうれしいものだった。たとえば、毎年2月に行なわれる東京マラソン。大勢のランナーが参加する市民マラソンだけに、ごったがえすような混雑ぶりで、応援したい選手を見つけるのも一苦労なのだ。

そんなとき、このシステムが役に立つ。携帯電話があれば、目当ての選手がどのあたりを通過するのかを予想することができるからだ。家族や友人は、前もってその場に駆《か》けつけて選手に声援を送ったり、無事にゴールしたかをチェックすることも可能。じつに便利な時代になった。

毒物の致死量は、人で実験できないのにどう測定する?

毒には「致死量」がある。ミステリードラマの〝常連〟の「青酸カリ」など、たった6分の1から3分の1グラムで死に至る。

しかし、ここで素朴な疑問がわく。人体実験はできない毒の致死量を、どうやってはかっているのだろうか?

毒を摂取《せっしゅ》して死ぬ量は、個人の毒にたいする感受性や、毒を服用した時期などによってちがってくるので、「これだけ飲めば、絶対に死にます」という値を厳密に求めることはできない。

そこで日本では、半数の50パーセントが死亡する量を「半数致死量」と呼び、致死量の目安として使っている。

毒物実験に使われるのは、マウスなどの動物たちだ。むろん、動物とヒトでは体の大きさが異なるので、致死量は体重1キロあたりの量として算出される。

というように、動物を使って実験するのだから、じっさいにヒトが摂取したときにどうなるかは、厳密にはわからない。だから、「致死量」は、あくまでも毒の強さの目安にすぎないといえる。

辛さをあらわす、「スコヴィル値」の決め方は？

ちょっと前にブームとなった七味唐辛子につづき、近年人気を集めたのは「食べるラー油」。どちらもトウガラシが主原料で、その辛味のモトはカプサイシン。これは、日本のトウガラシをはじめ、激辛で知られるハバネロ種など、あらゆるトウガラシに含まれている成分だ。

そのカプサイシンがどれほど含まれているかは、高速液体クロマトグラフィと呼ばれる微量成分を分析する機械で測定できる。その単位は「スコヴィル」。ホット

ソースの辛さの売り文句として、よく使われている数値だ。

じつは、トウガラシの辛さの量をあらわす「スコヴィル値」は、もともとは人の味覚に頼って計測されていた。考案したのは、「スコヴィル値」という単位名の由来にもなったアメリカの農学博士ウィルバー・L・スコヴィル。トウガラシエキスに砂糖水を混ぜたものを、複数の被験者（通常は5人）になめてもらい、辛味を感じなくなるまで希釈《きしゃく》（薄めること）していく。その希釈倍数をスコヴィル値であらわしたのだ。

この方法、個人の味覚によって左右されるのが欠点だったが、機械が用いられるようになった今も、計測したカプサイシン量の数値は、わざわざスコヴィル値に変換して表示されている。

なお、タバスコソースの辛さは２５００〜５０００スコヴィル、タバスコの原料となるハラペーニョは２５００〜８０００スコヴィル、もっとも辛いといわれるハバネロ種は30万スコヴィル。

聞いただけで舌がヒリヒリしてきそうだが、最近オーストラリアで収穫された「トリニダード・スコーピオン・ブッチ・テイラー」に至っては、なんと１４６万３７００スコヴィル！　ハラペーニョの３００倍もの辛さというから想像がつかない。

このトウガラシ、世界一辛いトウガラシとしてギネスブックにも認定されている。

果物の糖度計は、どんなしくみになっている？

旬の農作物を紹介するテレビ番組で、産地に足を運んだリポーターが、とれたてのフルーツをほおばって見せるシーンがある。

「このイチゴ、一粒一粒が大きくて新鮮そのもの。それに、甘〜い！」などとコメントを述べたあと、「では、どれくらい甘いのか、じっさいにはかってみましょう」といって、果物の糖度をはかる機械にかけることがあるが、果物の糖度をどうやって機械ではかるのか、不思議に思ったことはないだろうか。

果物の甘さをあらわす「糖度」は、糖分がどれくらいの濃度で溶けているかをあらわす単位。100グラムの液体に、10グラムの糖分が溶けていれば、糖度は10パーセントとなる。

では、水分に溶けた糖をどのようにしてはかるかというと、「屈折計」と呼ばれる測定器が用いられている。

水の入ったグラスにマドラーを入れると、まっすぐであるはずのマドラーが曲が

ったように変形して見える。それが「屈折」と呼ばれる現象で、水に糖分が溶けていると、屈折率が高くなる。糖分濃度が高くなれば、屈折率も比例するように高くなるのだ。

その原理を応用したのが「屈折計」で、ほんの2、3滴の果汁があれば、糖分濃度をはかることができる。

なお、日ごろよく食べられている果物の標準的な甘さを示す糖度（Brix値という）は、ミカンが11パーセント、リンゴが10パーセント、グレープフルーツが10パーセント程度。

最近では、トマトやトウモロコシなど〝甘さが売り〟の野菜も、糖度をはかったうえで出荷されることが多い。

ゴルフ中継で、ピンまでの距離が瞬時にわかるのは?

ゴルフ中継を見ていると、選手が打ったボールが地面に落ちると、解説者がすぐに「うーん。あと○ヤードですね」などと、細かな数字を口にする。でも、ピンまでの距離をどうやって瞬時に知ることができるのか、不思議に思っている人も多いのではないだろうか。

じつは米PGAツアーでは、独自のスコアリングシステム、「ショットリンク」を採用している。グリーンやフェアウェイ上に、レーザー透視装置のようなものを設置してあり、あらかじめ、ピンまでの距離を計測してデータに入力してあるのだ。たとえば、パー3ホールは、グリーン脇に1台、パー4ホールは、フェアウェイおよびグリーンに1台ずつ、パー5ホールなら、フェアウェイに2台、グリーンに1台というように、測定機を設置しておく。

そうしてレーザーによって測定が行なわれ、各選手の飛距離やピンまでの距離がわかるようになっているのだ。その情報は、会場に設置されたボードとも連携し、観客にも瞬時に伝えられるほか、コース上にいるテレビリポーターにも自動的に届けられる。だから、「残りは139ヤードです」というような、細かな数字をすぐに伝えることができるのだ。

ただし、ショットリンクシステムには、かなりの設備投資が必要で、このシステムでカバーできないホールもある。その場合は、テレビ局から派遣されたスタッフが各ホールに配置され、測定機などを使ってピンまでの距離をはかっている。ボールが落下したあと、プレーの邪魔にならないよう、選手がやってくる前に測定し、放送センターへ伝えるという流れ。意外にも原始的な方法も併用されているのである。

ブログの「アクセス数」は、どこまでアテになる？

ブログをつづけるうえで、励みになるのは、ブログを訪れてくれた人のアクセス数。どれくらいの人が見てくれているのか、毎日こまめにチェックしているブロガーも多いだろう。

しかし、アクセス数をあらわす言葉には、「ヒット数」「ページビュー数」「ビジット数」など、いろいろな表現があってややこしい。これらは、どのような数値をあらわしているのだろうか？

まず、ヒット数は、ブラウザがサーバーに要求したファイル数のことだ。たとえば、文章と写真（画像）2点で構成されたページの場合、文書のHTMLファイル＝1、画像＝2の合計3点。つまり、そのページを開くだけで、3ヒットがカウントされるしくみだ。もちろん、画像が多ければ、ヒット数は多くなる。

それにたいして、ページビューは、1人の訪問者が、ブログ内のページ（HTMLファイル）をどのくらい閲覧《えつらん》したかを示す数のこと。仮に、その人が10のHTMLファイルを閲覧すれば「10ページビュー」とカウントされ、単位は「PV」であらわされる。

ただ、ページビューは、サイト内を行ったり来たりした分もすべてカウントされるので、サイトをくまなく閲覧すれば、訪問者がたった1人でもPV数は上がってしまう。

そこで、新しく考えられたのが「ビジット数」だ。「ユニーク数」とも呼ばれるが、そのサイトを訪れた人を、IPアドレスで個別に識別し、カウントする。だから、一定期間内であれば、何度ブログを訪れても、カウントは「1」のまま。1日に何人がサイトを訪れたかをはかるのに、もっとも実態に近い人数がわかるのが、このビジット数といえる。

しかし、ビジット数にも問題はある。ネットカフェのように、不特定多数の人が、おなじパソコンでおなじサイトを閲覧した場合も、カウントは「1」になってしまうのだ。

なかには、不正なツールを使ってアクセスを伸ばす方法もあるので、結局のところ、アクセス数はひとつの目安にすぎないというのが現状だ。

桜の「開花日」は、どうやって予測しているのか？

春のお花見に先立って気になるのが、サクラの開花予測。でも、個体によってバラつきのある植物の開花をどうやって予測しているのか？——不思議に思う人もいるだろう。

サクラの開花予測が可能な理由の1つは、その予測をソメイヨシノを基準に行なっていることである。一口にサクラといっても、いろいろな種類があるが、全国各地のお花見スポットのサクラは、その多くがソメイヨシノだ。

そのソメイヨシノは野生種ではなく、人工的に栽培された品種。継ぎ木で増やされてきたため、遺伝子はみなおなじ〝クローン〟である。そのため共通点が多く、開花を予測するには、もってこいというわけだ。

そして、もう1つ。ソメイヨシノは、気温5~7℃の状態に800~1000時間さらされると「目覚める」という特徴がある。「休眠《きゅうみん》打破《だは》」と呼ばれるもので、目覚めた花芽は、2~3月になって気温が上がるにつれて成長し、やがて開花する。

サクラの開花予測は、この特性を利用して行なわれている。「休眠打破」をして、つぼみが成長をはじめる日を起点に、平均気温などから花芽の成長量をもとめる計算式を使い、開花日を予想しているのだ。

ところで、気象庁によるサクラの開花予想は2009年で終了したが、そのあとを引き継いだ各民間気象事業者も、気象庁が定めた「標準木」を基準に予想を行な

っている。東京の場合、千代田区の靖国《やすくに》神社にあるサクラの木がその標準木。3本のうち2本のつぼみが数輪開花すると、「東京のサクラが開花しました」とニュースで伝えられることになる。

地震計も一緒に揺れるのに、なぜ揺れの測定ができる?

地震国のニッポン。日本に住んでいるかぎり、地震に無関心ではいられないはずだが、地震の大きさをあらわす「震度」の測定法は意外と知られていない。

現在、気象庁は、震度を「震度0」「震度1」「震度2」「震度3」「震度4」「震度5弱」「震度5強」「震度6弱」「震度6強」「震度7」の10階級に分けて発表しているが、これらの「震度」をはかるには、地震計が用いられている。

とはいえ、ここでひとつのギモンがわく。地震計は地面においてあるかぎり、地震がくると地面と一緒に揺れてしまう。そのままでは、地面の動きは記録することができない。

タネ明かしをすると、これには「振り子の原理」が用《もち》いられている。

振り子に糸をむすんで吊り下げ、糸の上端をすばやく左右に動かすと、手は動いても、振り子の本体は空間に静止したままでいようとする。これは、物理学でいうところの「慣性の法則」による現象だ。

では、上から吊り下げられた振り子の玉の先にペンを結びつけ、その下に、一定の速さで送られるロール紙を置く。このような装置があると想像してほしい。

こうすると、地面が静止しているあいだはロール紙にはまっすぐな直線が描かれるだけだが、地震の揺れが生じると、どうなるだろう。

装置全体は、地震と一緒に揺れてしまうが、振り子本体は「慣性の法則」によって空間に静止するため、地震とは逆向きの揺れがロール紙に描かれ、地震動が記録されることになる。これが、地震計の原理だ。

むろん、振り子を使うといっても、じっさいには精密な装置がつくられている。記録方法も、昔はロール紙を使っていたが、最近はコイルと磁石を使い、電気信号を記録する方式になっている。

突発的に起きる竜巻の「強さ」を、どうやってはかる？

地震の規模をあらわす単位は「マグニチュード」で、揺れの強さをあらわす単位

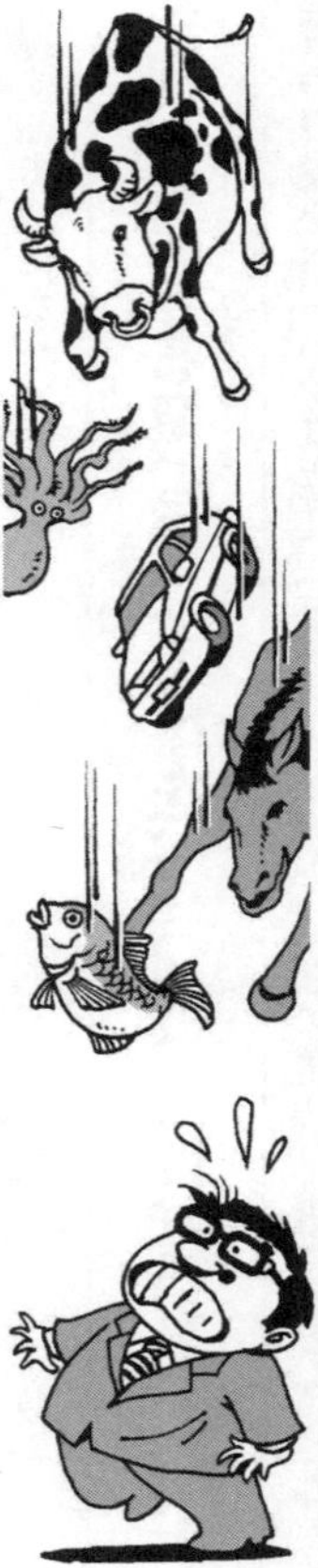

は「震度」というのは、よく知られているが、「竜巻の強さをあらわす単位は?」と聞かれて、即答できる人は少ないかもしれない。

竜巻の強さをあらわす指標として国際的に用いられている単位は、「Fスケール」と呼ばれている。1971年に、米シカゴ大学教授だった藤田哲也博士が考案したものだ。

竜巻が過ぎたあと、竜巻やダウンバーストなどの突風によって発生した被害状況からその風速を推定、竜巻の規模をF0、F1……F5までの6段階であらわすものだ。「F」は藤田の頭文字である。

Fスケールに照らし合わせて、レベルごとにどれくらいの被害が出るのか、見てみよう。

F０（風速17〜32m/s）、F１（風速33〜49m/s）は「弱いトルネード」と呼ばれるが、それでも、屋根瓦《がわら》が飛んだり、窓ガラスが割れたりする。F２（風速50〜69m/s）クラスの「強いトルネード」になると、屋根が剝《は》がされたり、弱い建物は倒壊《とうかい》する。F３（風速70〜92m/s）では、車が飛ばされたり、列車の脱線なども起きはじめる。

これが最大のF５（風速１１７〜１４２m/s）クラスになると、住宅は跡形もなく吹き飛ばされ、自動車や列車はもち上げられて、とんでもないところまで飛ばされる。さらに数トンもある物体や、牛や馬、魚まで空から降ってくるというような出来事が起きるのだ。世界一の竜巻発生地帯、アメリカの中西部では、F４やF５級の竜巻がじっさいに観測されている。

日本で観測されたもっとも強い竜巻は、F３クラス。２０１2年5月に茨城県つくば市で発生した竜巻も、今のところF3とみられているが、今後日本初のF４に修正される可能性も残されている。

降水確率は、どれくらい〝アテ〟になるのか？

昭和の時代、天気予報は〝アテにならないもの〟の代名詞だったが、今は外れる日もあるにはあるが、基本的にはよく的中している。たとえば、降水確率の場合、気象庁によれば、「降水確率が大きくはずれた日数は年間30日以下」というから、かなりの精度といえそうだ。

では、気象庁では、どうやって降水確率を出しているのだろう？　その前に、降水確率の定義について触れておくと、「特定の地域で特定の時間帯に1ミリ以上の雨や雪の降る確率」のこと。

この確率は、過去と現在のいろいろな気象データ――湿度、温度、風向き、風速などを大型コンピューターに入れ、そのデータをもとにシミュレーションを行なって弾《はじ》き出されている。つまり、人間ではなく、コンピューターが予想しているのだ。

気象庁がコンピューターを導入したのは１９５９年（昭和34）で、日本の官公庁ではもっとも早い導入だった。とはいっても、当時のコンピューターの性能は、現在の家庭用パソコンよりもはるかに低かった。

そのため、当初はたいして役に立たなかったが、コンピューターの発達とともに、気象衛星による観測データが充実し、１９８０年（昭和55）、降水確率の発表にたどり着いた。今では、降水確率は、午前5時、11時、午後5時の3回、6時間ごとに10パーセントきざみで発表されている。

ちなみに、降水確率のパーセンテージは、たとえば「降水確率20パーセント」なら、おなじような気象状況が100回あった場合、20回は雨や雪が降るという意味。だから、降水確率90パーセントと予報されても、100回のうち10回は降らないことになる。

降水確率40パーセントや50パーセントといった微妙な確率の場合は、結局、傘をもって出かけるかどうかは、自分で判断するしかないようだ。

川の汚れ具合は、自動的に測定されている！

近年、東京の川の水質がずいぶん向上してきている。川辺に水鳥を見かけたりすると、きれいな川に戻りつつあることを実感できるものだ。

しかし、油断は禁物。川の水は、ちょっとしたことで汚染されるし、万一、有害物質でも流されたら大変だ。そうでなくとも、水質を維持するには、川の水質調査をこまめに行なうことが必要となる。でも、どうやって？

じつは、川の汚れ具合は、測定機によって自動的に行なわれている。たとえば東京都では、21河川の23か所に水質自動測定室が設けられ、そこでつねに水質が監視されている。

その方法は、川の水をポンプでくみ上げ、貯水タンクのフィルターでろ過したあと、自動測定機に送るというしくみ。測定機では、酸性・アルカリ性を調べるpHテストや、COD、窒素など各種の測定を行なっている。

CODというのは、有機物で汚染された水をきれいにするのに必要な酸素量のこと。その測定には「過マンガン酸法」が用いられている。

サンプリングした水に、反応促進剤の硫酸と酸化物（過マンガン酸カリウム）を加えて有機物を酸化させ、酸化物がどれくらい使われたか、その量からCODを割り出しているのだ。

また、し尿などによる水の汚れ具合は、窒素化合物の量を算出して測定している。

そうして得られたすべてのデータは都庁にある端末に自動的に送られ、常時チェックされている。

心電図は、心臓の動きをどうやって測定している？

健康診断で心電図をとるときに、「なんで心臓の検査なのに、手首とか足首とかに装置をつけるの?」という疑問をもった人はいないだろうか。

あの、手首や足首に装着するモノは電極であり、四肢に取りつける電極を肢《し》誘《ゆう》導《どう》、胸《きょう》部《ぶ》にとりつけるものを胸部誘導と呼び、その両方によって心臓の状態を調べることができるのだ。

ヒトの体にはさまざまな筋肉があるが、筋肉の収縮には電位変化がかかわっている。何かが起きると神経が興奮し、それが細胞内外の電位変化を引き起こす。さらに、それがつぎつぎと伝わることで、筋肉は収縮する。

心臓の場合は、心筋組織の洞結節《どうけっせつ》というところで電位変化が発生し、それが心房の心筋を通じて房室《ぼうしつ》結節に伝えられる。さらに、そこから心筋の束を通って心室の心筋に伝わり、それぞれの心筋が収縮（拍動《はくどう》）している。

体に電極をつけるのは、この心臓内で起きている電位変化をキャッチするため。胸部だけでなく、手首や足首にも電極をつけるのは、そのほうが、心臓の動きをより詳細に把握《はあく》できるからである。

ちなみに、体につける電極には、それぞれ色がついていて、肢誘導の場合は、右手首につけるのは赤、左手首は黄色、右足首は黒、左足首は緑と決まっている。医学部の学生はこの色の順番を「秋吉久美子《あきよしくみこ》」と覚えるという。

いっぽう、胸部誘導の6つも、赤、黄、緑、茶、黒、紫と順番が決まっており、こちらは「アキミちゃん国試」と覚えるんだとか。

血圧の測定法は、驚くほど単純だった！

血圧は、血液が動脈血管内を流れているときの圧力のこと。血圧の検査では、上の血圧がいくつ、下の血圧がいくつ、と2つの数字が出されるが、上の血圧は「収縮期血圧」といって、心臓が収縮したときに送り出された血液によって、動脈の血管壁がもっともふくらんだときのもの。

下の血圧は「拡張期血圧」といって、心臓が拡張し、動脈血管壁がもとに戻ったときのものだ。

さて、その血圧はどのようにはかっているのだろう？　重要なのは音である。血液が血管を流れるときのドクドクという音が、重要な役割を果たしているのだ。

昔ながらの血圧測定法で、具体的に説明してみよう。血圧をはかるときには、まず「カフ」という帯《おび》を腕に巻き、その帯に空気を送って血管を圧迫し、いったん血液の流れを止める。

そのあと、徐々に圧迫をゆるめると、血液の流れが再開する。このとき、ドクドクという音が聞こえた瞬間の血圧が「上の血圧」の数値になる。

カフをゆるめていくと、ドクドクという音は、やがて聞こえなくなる。聞こえなくなったときの血圧が「下の血圧」の数値となるのだ。

この昔ながらの方法で血圧をはかるとき、医師や看護師は、聴診器を当ててじっとしているが、ドクドクのはじまるときと、消えるときの瞬間を待っているのだ。

心臓のドクドク音は、医学用語では「コロトコフ音」と呼ばれるもの。現在使われている自動電子血圧計も、帯のなかに内蔵したマイクによって、このコロトコフ音を聞き取り、カウントしている。医師や看護師の聞き取り作業がハイテク化されただけで、基本原理は変わっていない。

息を吹きかけるだけで、なぜ詳細なアルコール濃度がわかる？

警察が行なう飲酒検問では、警察官が一台一台クルマを止めて飲酒の有無を質問したり、ドライバーに風船をふくらませてもらったりする。そうして、飲酒の嫌疑が強まると、今度は検知器でアルコール濃度を測定する。

そのときに使われるのが「アルコールチェッカー」「アルコール検知器」などと呼ばれる小型の測定器。ハァーッと息を吹きかけると、即座に反応し、呼気中のアルコール濃度を検知することができる。

息を吹きかけるだけで測定できるのは、検知器に特殊な「半導体ガスセンサー」が取りつけられているからだ。これは、金属酸化物半導体という半導体に、可燃性《かねん》ガスや酸化性ガスが触れると、半導体の伝導率が変化するという原理を利用したセンサーで、そのメカニズムを応用して、数値の変化をアルコール濃度に換算して表示している。

じつは、この種のセンサーは、もともとはガス漏れ検知器として使われていたものので、呼気に含まれる直前の飲酒はもちろん、前日に飲んだ酒まで検出できる。

ちなみに、精度はピンキリだが、最近は同種のセンサーがついた家庭用のアルコールチェッカーも市販されている。でも、自分自身が酒を飲んだことは自分がいちばんよくわかっている。何のために使うの？　と思うかもしれないが、健康管理に使うのだとか。

酔っ払った程度を、たしかな〝数値〟で突きつけられれば、少しは酒量をセーブできるかも？

万歩計が、鞄の中に入れていても歩数を数えるしくみは？

健康ブームの影響で、中高年だけでなく、若者にも万歩計をもつ人が増えているという。腰につけるものだった以前の万歩計とちがって、今はポケットやカバンのなかに入れっぱなしでも、歩数を数えてくれる。

万歩計が内蔵されている携帯電話も登場している。ウオーキングのさいに携帯をもっていけば、それで何歩あるいたか数えられるというわけだ。

以前とくらべると、カウンターの性能もあがっている。昔の万歩計の歩数を数える原理は、万歩計内に磁石を内蔵した振り子が入っていて、上下に揺れるたびに、磁石がくっついたり離れたりする。磁力スイッチが振動するたびにオン・オフをくり返し、歩数をカウントするというしくみだった。

振動を利用していたので、万歩計を前後左右に傾かないよう腰にしっかり固定する必要があり、また電車や車の揺れに反応して、歩いていない歩数までカウントされてしまうことがあった。

そこで新たに登場したのが、加速度センサー内蔵タイプの万歩計である。振り子のかわりに、ひずみに応じて電気を生じる圧電素子を振動板に貼りつけ、加速度を電気信号の波に変換するというのが、基本的なしくみだ。

じつは、このセンサーは応用範囲が広く、携帯ゲーム機でユーザーがどれだけゲーム機を傾《かたむ》けたかを見分け、ゲームに反映させるようなことにも利用されている。

競馬の「上がり3ハロン」のタイムは、どう測定される?

どんな世界にも、その世界独特の用語があるもの。競馬の世界にも競馬ファンには常識だが、競馬に興味をもたない人はあまり知らない言葉がある。「ハロン」もその1つだろう。

レースが終盤にさしかかると、解説者が「さあ、いよいよ上がり3ハロン！」などというが、「ハロン」は和製英語で、正しくはファロング（furlong）という。競馬の本場イギリスで使われている単位で、1マイルが8ハロン（ファロング）なので、1ハロン（ファロング）は約200メートルになる。

また、「上がり」はレース終盤という意味だから、「上がり3ハロン」といえば、「ゴールまでのラスト600メートル」のことをさす。そして競馬では、この3ハロン地点から、レースが大きく動き出すことが多いのである。

つまり、最後の3ハロンをいかに速く駆けぬけるかが勝負になるため、上がり3ハロンのタイムは、きわめて重要。競馬ファンたちは、上がり3ハロンのタイムに注目している。

では、このタイムはどのように計測されているのだろうか？　かつては、複数の人がそれぞれ手時計を使ってはかっていたが、現在ではコンピューターが自動計測している。

カメラがそれぞれの馬を追って、ゴールまで３ハロン地点を通過した時間とゴールした時間をとらえ、その数値をもとにタイムを算出する。

ちなみに、競走馬のなかでも速い馬は「上がり３ハロン」、つまり最後の６００メートルを33秒ほどで駆けぬける。時速にすると、70キロほどになる。

7

日本列島の「93%が無人島」って、どういうこと?!

その数字、どこに根拠があるの?!

日本列島の「93%が無人島」ってどういうこと?!

いうまでもなく、日本列島は島国である。では、日本はいったいいくつの島でできているのだろうか?

海上保安庁によると、日本を形づくる島の数は、6852あるという。これは北海道、本州、四国もそれぞれを1つの島として数えた数字で、このうち人が住んでいるのはおよそ450ほどしかない。つまり、日本列島の93パーセントにあたる6400ほどの島が無人島で、人が住んでいるのはわずか7パーセントにすぎないことになる。

この数字だけ見ると、日本は無人島だらけの国家に思えるが、もちろんそれらの島々のほとんどは、面積が狭《せま》い、小さな無人島だ。

たとえば、日本最南端の島である沖ノ鳥島《おきのとり》は、水没してなくならないよう、日本政府が手厚く〝保護〟している。

放っておくと、沖ノ鳥島は波で削《けず》られてどんどん小さくなり、やがては水没する恐れがあるので、日本政府はコンクリートで固めるなど、およそ300億円もかけてこの島を守っているのだ。

もし、この島がなくなると、わが国の排他的経済水域が一気に狭まってしまうためだ。

このように、日本には、大小取り混ぜて数多くの無人島が存在するので、無人島売買なども行なわれている。安い島なら数百万円程度で購入できるので、プライベートな島をもつというのも、実現不可能な夢ではない。

「7」は、なぜ「ラッキー・セブン」といわれるのか？

「ラッキー・セブン」は、野球（ベースボール）から生まれた言葉だ。

19世紀末、シカゴ・ホワイトストッキングスで活躍したジョン・クラークソンという投手がいた。彼は1885年9月30日、優勝を決める試合に先発。その試

合の7回、味方が放った何でもないフライが強風にあおられてホームランとなり、彼は勝利投手になった。

ラッキーなホームランで優勝が決まり、みずからも勝利投手になったことから、彼はその7回を「ラッキー・セブン」と呼んだのである。彼がのちに野球殿堂《でんどう》入りするような名投手だったため、「ラッキー・セブン」という言葉は球界に残りつづけ、海を越えた日本の野球界でも使われるようになった。

「日本国土は61・6パーセントが雪国」でロシアのモスクワよりも雪が降る?!

雪国と聞くと、北海道や東北地方など、雪の多い地域を連想する。ところが意外なことに、「日本国土の61・6パーセントは雪国」だという。どういうことなのだろうか?

国土交通省は、「1月の平均気温の累年《るいねん》平均が0℃以下、2月の積雪の深さの最大値が累年平均50センチ以上の地域」を積雪寒冷地域に指定している。

それらの地域を「雪国」と考えれば、北海道、東北地方のほぼ全域、本州の日本海側のほとんどの地域、長野県や岐阜県飛驒《ひだ》地方など中部地方の内陸部がそれに該当する。

つまり、東京から北は関東地方の平野部以外、そして本州の日本海側は、すべて雪国ということになるのだ。

しかも、雪の量をみれば、日本の都市には、ロシアの首都モスクワよりも大雪が降る街が多い。

金沢市や新潟市の年間降雪量と、モスクワの降雪量をくらべると、金沢や新潟がモスクワの2~4倍に達するのだ。

世界的に見ても、日本のような中緯度に位置する国で、ここまで積雪の多い国はほかには見当たらない。

なぜそれほど雪が降るかというと、その原因は冬の季節風にある。シベリア気団から吹き出す北西の季節風が日本海を渡るときに、大量の湿気を含んで雲を発達させ、それが日本列島に達して大雪をもたらすのだ。

その積雪量はすさまじく、国土交通省の基準で積雪

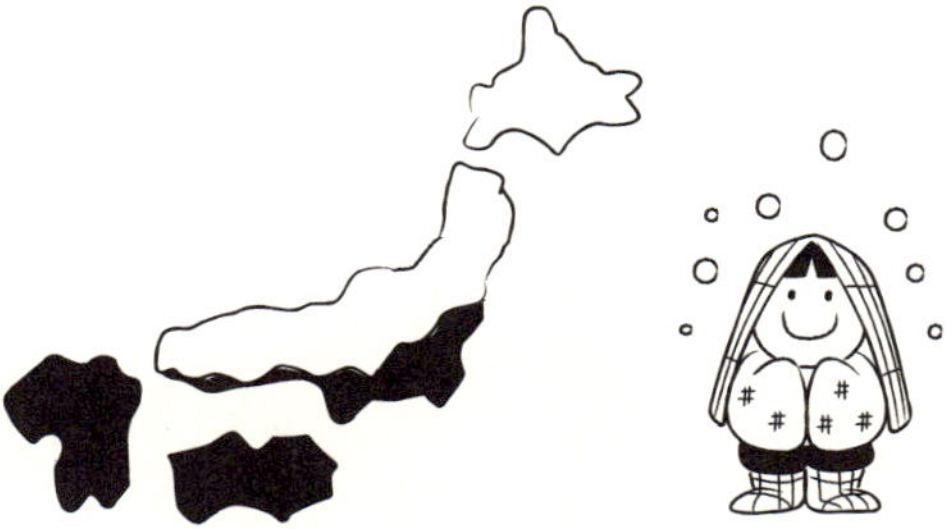

寒冷地域に指定されている山間部では、3〜4メートルの積雪がみられ、都市部でも降雪期間が1年のうちで4〜6か月にもおよぶ。

沖縄県のように雪が降らない地域もあるが、日本は半分以上の地域が、まぎれもない雪国だったのである。

日本ではなぜ、「新年度」が4月からスタートするのか？

日本で年度末といえば3月末、新年度の幕開けは4月からと決まっているが、海外でもおなじかといえば、けっしてそうではない。

欧米を中心とした世界の国々では、9月に入学式を行なうことが多く、最近では東京大学が国際化に対応するため、9月入学導入に向けて検討を開始したことが話題になったばかりだ。

そもそも、なぜ日本は4月を新年度のスタートとしているのだろうか？

まず、学校の新学期の場合は、文部省によると、日本も明治初期は9月に入学・新学期をスタートさせていたが、明治19年（1886）から4月開始に変更され、現在に至っているという。

その原因となったのが、徴兵《ちょうへい》制だ。明治19年から、軍の徴兵が1月から4月に変更されたことを受け、師《し》範《はん》学校が優秀な若者を兵隊に取られまいと、入学式を9月から4月に変更した。すると、師範学校にならう形で、小学校や中学校も4月スタートになったというわけだ。

いっぽう、国の予算年度が4月スタートになったのは、財務省によると、これも明治19年からのことだという。

その理由は、これも軍の会計年度が4月から3月になったことに対応したのではないかとみられている。

そうして役所の予算年度のはじまりが4月になったことで、民間企業もしぜんと4月を新年度のはじまりとして、今に至っているというわけだ。

明治19年に変更された軍の方針が、100年以上たった今でも影響を及ぼしているというわけである。

陸上のフライングは、なぜ「0・1秒以内」と決まったのか？

陸上競技や競泳などで、スタートの号砲よりも早く飛び出すことを「フライング」というが、近年、その罰則がどんどん厳しくなってきている。

たとえば、陸上の短距離走では、スタートの合図が鳴ってから0・1秒以内に動いた者は、自動的にフライングと判定され、即失格となる。

以前は、一度目のスタートでフライングがあったときは、再スタート時にもう一度フライングをおかした選手が失格となったが、ライバルを動揺《どうよう》させるために故意にフライングする選手があとを絶たず、2010年から「一度目で即失格」という厳格なルールが適用された。2010年の世界陸上で、100メートル世界記録保持者のウサイン・ボルト選手が即失格となって、ファンを失望させた。

現在、大きな陸上大会では、スターティングブロックにフライング判定装置が設置されている。その装置は、わずかな体重移動による圧力変化を感じとり、フライングかどうかを判定するので、スタート前の選手は微動だにできない。

それにしても、スタートの合図から「0・1秒以内」がフライングという数字はどうやって決まったのだろうか?

脳科学の知見によると、普通の人は何かをしようと思い、じっさいに行動をおこすまでに、0・3秒は時間がかかるという。反射神経を磨《みが》き上げた世界クラスの陸上選手でも、スタートの合図を聞いてから、動き出すまでに平均0・24秒はかかり、最高クラスでも0・13秒は要するという。そこから、それ以内に動いたものをフライングとみなし、「0・1秒以内の動きはフライング」というルールが定められたのである。

「アメリカ大統領選挙」が「11月の第一火曜日」に定められた理由

アメリカ大統領選の投票日は、「11月の第一月曜日を過ぎた最初の火曜日」と法律で決められている。なぜ、この日が最高権力者を選ぶ日に制定されたのだろうか?

第一の理由は、建国当初から19世紀にかけて、アメリカの有権者の大半が農民だったことである。農民にとって、春夏は農繁期《のうはんき》であり、初秋は収穫期。その時期、農民は畑作業で忙しく、都市部の投票所にまで足を運んでいる暇はない。そこで、収穫期が過ぎ、農民たちの手があく11月に、投票日を設《もう》けたというわけだ。

では、なぜ日本のように日曜日ではなく、「火曜日」が選ばれたのだろうか。

まず、日曜日が避けられたのは、宗教的理由による。キリスト教徒にとって、日曜日は教会の礼拝日であり、安息日でもある。その宗教的に重要な日に、政治を持ち込むことが避けられたのだ。

また、月曜ではなく、火曜日になったのは、当時のアメリカの交通事情による。昔は主要都市にしか投票所がなかったので、投票所から離れた場所に住んでいた農民は、投票するために泊《と》まりがけで出かけなくてはならなかった。それが、たとえば1泊2日がかりの旅だとすると、投票日が月曜日ならば出発は日曜日になる。すると、安息日に旅をはじめることになるので、これも避けられたのだ。

また、11月の第一月曜日を投票日にすると、11月1日に重なる可能性があるが、その日は、カトリックの

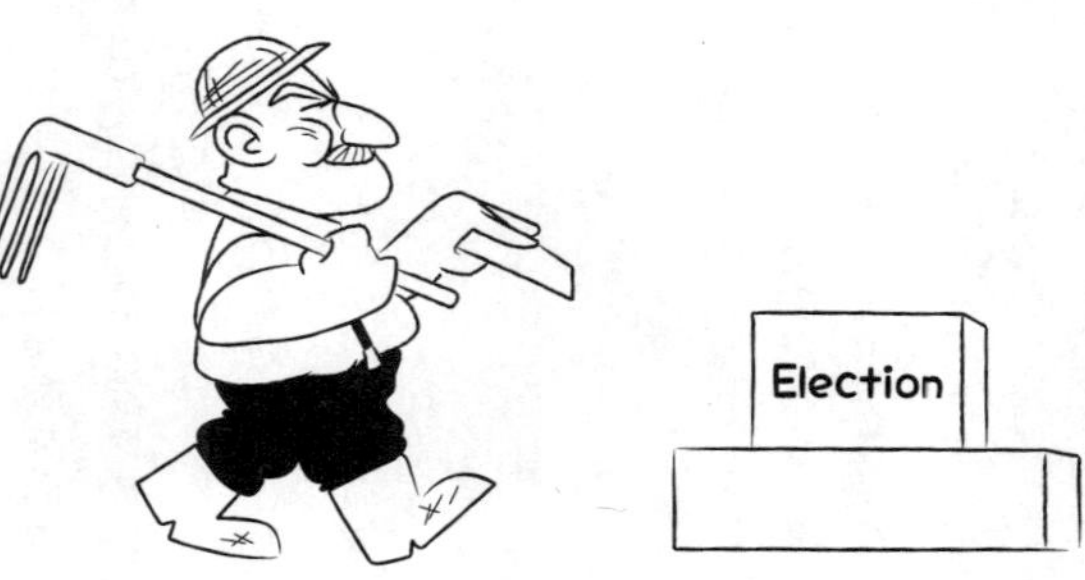

「万聖節《ばんせいせつ》（祝日）」であるうえ、商人にとって1日は前月の帳簿《ちょうぼ》をつける忙しい日。それらの理由から、火曜日が投票日に選ばれたのだ。

つまり、「11月の第一火曜日」としたのは、有権者の多くを占《し》める農民、そして商人の都合を優先することで、投票率を少しでも高めようという連邦議会の苦肉の策だったのだ。

ただし、民主主義の国アメリカでも、選挙権が初めから国民全員に平等に与えられたわけではなかった。

１７８７年の憲法制定時の有権者は「21歳以上の土地を所有する白人男性」のみ。１８７０年には人種・民族を問わず「21歳以上の男性」に、１９２０年になって、ようやく「21歳以上の女性」にも選挙権が与えられるようになった。現在は18歳以上の男女が有権者となっている。

「3等賞」までもらえるようになった意外な理由とは

オリンピックの金銀銅メダルをはじめ、競技ではなぜか1等賞、2等賞、3等賞までが重視される。4等賞やキリのいい5等賞ではないのは、なぜなのか、疑問に感じたことはないだろうか。それには、つぎのような逸話《いつわ》がある。

17世紀初め、イングランドの州長官が競馬の1等の賞品として銀のトロフィーを与えることに決め、銀細工師にその製作を命じた。しかし、やがて届いたトロフィーは、とてもではないが賞品として渡せるような出来栄《できば》えではなく、長官は再度トロフィーをつくるように命じた。ところが、つぎにできあがってきたトロフィーも満足いくような代物《しろもの》ではなく、長官はもう一度つくることを命じた。

約束の期限の日、銀細工師はおそるおそるトロフィーを献上《けんじょう》した。三度目の正直というべきか、今度のトロフィーは長官を満足させる出来栄えだった。

ところが、ここで新たな問題が発生する。長官の手には、2つのトロフィーが残ることになったのだ。長官は考えた末、余ったトロフィーを無駄にしないため

に、1等から3等までにトロフィーを与えることにした。これが、今日まで伝わっている1等賞から3等賞までをあつく表彰するという慣習の起源といわれる。

なお、トロフィーという言葉の語源は、ギリシャ語で「戦利品」や「戦勝記念物」を意味する「Tropaion」とされる。戦争で敵から奪い取って戦利品として飾られていた鎧《よろい》・兜《かぶと》・盾《たて》などが、時代の流れとともに優勝者に与えられる優勝カップや盾、像などにかわったのだ。

また、狩りでしとめた鹿などの首から上を剝製《はくせい》にして壁に飾るものを「ハンティング・トロフィー（狩猟戦利品）」と呼ぶが、それもかつて戦利品を飾っていた慣習の名残《なごり》といえるものだ。

ワールドカップが4年に一度と決まったのは、なぜ?

サッカーのワールドカップは、オリンピックに対抗する形ではじめられたもの。オリンピック同様、4年に一度開催されるのも、そのためである。

第一回ワールドカップが南米のウルグアイで開催されたのは、1930年のことだった。そのきっかけは「プロ、アマを問わず、サッカーの世界一を決める大会を開こう」という声が大きくなったことである。

今でこそ、オリンピックにはプロ選手も出場しているが、以前はアマチュア主義を貫き、プロの選手は出場できなかった。

そこで、サッカー界は、プロを含めた世界一を決める大会、つまりワールドカップを開くことにしたのである。

そのさい、ワールドカップをオリンピックの中間年に開くことに決定した。要するに、ワールドカップが4年に一度なのは、オリンピックが4年に一度開かれてきたことがもとになっているのである。

薬の用法では、なぜ15歳からが大人になる？

「お酒やタバコは20歳から」と決められているが、薬は15歳からが大人扱いとなっている。その根拠は何なのだろうか？

薬の用法で、成人と子どもの境を15歳とする根拠の1つは、体表面の面積である。それを基準にすると、その人に最適な薬の量が求められるというのだ。

とはいえ、自分の体表面積を知る人はまずいない。そこで年齢を目安にして、成人とほぼおなじ体表面積になる15歳ごろを大人とみなしているのである。

また、体表面積だけでなく、15歳ごろになると、内臓の機能が十分に発達して、薬の成分を大人並みに処理できるようになることもある。

たとえば、体重だけで薬の投与《とうよ》量を決めると、なかには体重の重い子どもも存在するので、内臓の発達面からいって問題が生じることもありうる。

そこで、単純に体の大きさだけでなく、内臓の成長も考慮に入れ、15歳からを大人とみなしているというわけだ。

その点でいえば、成人でも高齢者の場合は、内臓の機能が衰《おとろ》えていることがあるので、注意が必要だ。

薬が体内に長くとどまったり、成分が強く作用する恐れがあるので、服用量を減らしたほうがよいケースもある。

「犯罪検挙率31・2%」、日本は本当に安全なのか？

日本は諸外国にくらべれば治安がよいと考えている国民は多いが、近年の犯罪検挙率を聞くと驚くのではないだろうか？

警察庁の統計によると、2011年の検挙率は31・2パーセント。何か犯罪が起きて、容疑者が特定され逮捕された割合が、3分の1以下ということだ。これで、日本は本当に安全な国といえるのだろうか？

その前に、検挙率とはどのようにして計算するのか、見てみよう。まず、殺人や傷害、窃盗《せっとう》といった犯罪が発生すると、被害者が通報し、被害届を警察に提出する。こうして警察の知るところとなった犯罪の数を「認知件数」という。そして警察は、事件を認知して捜査をはじめ、容疑者を特定して検挙する。つまり、検挙率とは、検挙件数を認知件数で割って、そこに100を掛けたものなのだ。

そのため一時は、高い検挙率を維持するため、警察が被害届を受理しないことがよくあった。分母である認知件数を少なくし、検挙しやすい軽微な犯罪を取り締《し》まったほうが、検挙率を上げることができるからである。

ところが、1990年代の「桶川《おけがわ》ストーカー殺人事件」のように、警察の職務怠《しょくむたい》慢《まん》から殺人事件がおこると、世間の目は厳しくなり、警察側も以前よりは被害届を積極的に受理するようになっている。その結果、分母の認知件数が増えたために、検挙率が下がったのである。

もちろん、認知件数の大多数を占めるのは、窃盗などの比較的軽い犯罪がほとんどであり、検挙されていない犯罪の大半も、これら軽微なものが占めている。

いっぽう、重大犯罪である殺人事件の検挙率に絞《しぼ》ってみると、2009年の検挙率は98・2パーセント。全体の犯罪検挙率は約3割でも、殺人犯はほぼ逮捕されていることがわかるだろう。こちらの数字を見れば、日本の安全神話はまだ健在といってていいかもしれない。

「サラブレットは第二子が強い」のは〝育児〟技術の影響⁈

アメリカの畜産《ちくさん》学者が、サラブレッドの母親の出産回数と子どもの強さの関係について、調べたことがある。過去1世紀までさかのぼってサンプリングし、調べたところ、689頭の母馬が産んだ子馬5901頭のうち、生涯《しょうがい》獲得賞金が100万ドルを超えた一流馬は、「2頭目に生まれた馬がもっとも多かった」という。

なぜ、2頭目の子どもがもっとも強くなるのだろうか？　これには、2つの理由が考えられるという。

第一には、母馬の出産年齢である。馬の出産可能期は、4歳から18歳までで、なかでも6歳から10歳が最適齢期とされる。母馬は4～6歳で引退して、繁殖《はんしょく》入りすることが多いので、2頭目の出産時期は、この最適齢期に入ることが多いのだ。

一流馬の出現率を母馬の年齢ごとに見ると、一番高いのが9歳の14パーセントで、6～7歳が12パーセント、10～12歳が7パーセント、16歳を過ぎると1パーセント以下、という結果になった。というわけで、出産最適齢期の中盤の母馬が、名馬を産む可能性がもっとも高いといえる。

もう1つの理由は、母親の〝育児〟技術にありそうだ。馬は母子のきずながひじょうに強い動物で、赤ちゃん馬は母馬にべったり、母馬のほうもあれこれ世話を焼いて子どもを育てる。むろん、母馬は、初産のときよりも、2頭目を産み育てるときのほうが〝育児〟に慣れている。2頭目の馬は、比較的若くて元気で、かつ子育ての要領をつかんだ母馬に上手に育てられるから強いと考えられるのだ。

馬は、離乳までに母馬から十分な愛情を注がれないと、ひねくれた性格に育ち、競走馬には向かなくなるのだ。

13年・17年周期で「魔法ゼミ」が大発生する謎

セミは土のなかで幼年時代を送り、ようやく地上に姿をあらわすと、1週間ほどで一生を終える。アブラゼミやミンミンゼミなどが、土のなかで過ごす期間は、およそ7年ほど。私たちは毎年夏になると、セミの鳴き声を耳にするが、それらはいずれも7年ほど前に生まれたセミということだ。

セミには、13年周期、17年周期でいっせいに地上に出て、成虫になる種類もいる。おもにアメリカで生息する「周期ゼミ」で、それはマジシカダ属に属する複数の種類の総称である。

周期ゼミは、別名「魔法ゼミ」とも呼ばれ、出現するときは一度に大量発生することで知られている。その数はおびただしく、1本の木に数千匹もの周期ゼミが群《むら》がることもあるほどだ。それにしても、なぜ周期ゼミは決まった周期で大発生するのだろうか?

そのもっとも大きな理由は、天敵から身を守るためだ。もし、通常のセミのように毎年おなじ時期にコンスタントに地上にあらわれていると、それを狙《ねら》う捕食者によってマークされ、食べられてしまうかもしれない。

そこで、13年周期、もしくは17年周期で成虫になり、大量発生すれば、捕食者から逃れられる可能性が高まるとして、周期的に大発生する生き方をセミみずから獲得したとみられている。

なお、周期ゼミは、年によっては全米のどこにも発生しない年があるほか、13年周期と17年周期のセミが共存する地方域がほとんどないことがわかっている。

また、13、17という数字には、ともに素数であるという共通点があり、互いに因数をもたないので、両者の周期が重なり合うのは、13×17で221年に1回ということになる。そこで、繁殖年が重ならないように、ともに素数の周期で大発生すると考える研究者もいるのだが、なぜセミが素数を〝知っている〟のか、むろ

んそれはわからない……。

夏の果物の王様・「スイカ」の生産量が3分の1まで低下してしまったのは？

夏、海水浴、砂浜、とくれば「スイカ割り！」と答える人は、まだまだたくさんいるだろう。初夏、初物のスイカを口にして、「ああ、今年も夏がやってくるなァ」と感じるのは、季節感を重んじる日本人ならではの感性ともいえる。

でも、スイカが〝夏の果物の王様〟として君臨《くんりん》していたのは、今や昔の話といえる。農林水産省の統計では、1973年（昭和48）のスイカの栽培面積は全国で3万8800ヘクタール、出荷量は103万5000トンあったのに、2006年には栽培面積1万3000ヘクタール、出荷量は35万7100トンと、じつに3分の1まで落ち込んでいるのだ。

と聞けば、「今年の夏、スイカ食べたっけ？」と思う人もいるのではないだろうか。スイカの生産量が落ちた理由はさまざまだが、じつはコレ、最大の原因は、〝スイカの大きさ〟にあるようだ。大家族が減って核家族化が進んだことで、昭和にはよく売れていた丸ごとの大玉スイカが売れなくなっているからだ。

そもそも、10キロを超すような大玉スイカの収穫は、若者であっても重労働なのに、現在、スイカ農家の働き手の大半はほかの農作物と同様、高齢者だ。そのため、スイカから別の作物に転作したり、栽培をやめてしまう農家が増えているのだ。

そこで最近は、骨のおれる栽培を楽にするため、〝空中栽培〟を行なう農家が増えている。通常、スイカは地面を横に這《は》うようにして実らせるが、新しい栽培法では、支柱につるを巻きつけ、朝顔のように上に伸ばすのだ。

そうすることで、面積当たりの収穫量が増え、農家のお年寄りが腰を曲げつづけることなく、楽に世話ができるというわけ。

サッカーの試合時間を45分ハーフの90分制にした理由

現在、サッカーは、45分ハーフの90分制で行なうものと決まっている。今では、サッカーをテレビ観戦する視聴者も、45分間観戦して、休憩をはさんだのち、後半の45分間を見るというリズムに慣れている。それにしても、なぜ90分という試合時間に決まったのだろうか？

サッカーの原型となる競技は、中世から行なわれていたが、当時は試合時間というものがなかった。当時のサッカーは、日の出から日の入りまで、たっぷりと時間を費やして遊ぶ一種のお祭りのようなものだったのだ。

イギリスでも、サッカーは、地域ごとによって、異なるルールと試合時間で楽しまれていたが、それでは地域や学校といった枠《わく》を超えた試合ができないことから、ルールを統一しようという動きがはじまった。

そこで、ケンブリッジ大学のなかにサッカー委員会がつくられ、「ケンブリッジルール」と呼ばれる統一ルールがつくられた。さらに１８６３年には、イングランドサッカー協会が設立され、ケンブリッジルールをもとに、競技方法や規約が統一されることになった。

そうしたなか、１８６６年にイングランドサッカー協会代表と、イングランド中部に位置するシェフィールド代表の試合が行なわれ、「競技は午後３時から４時半まで行なう」という決まりができた。当時、ハー

フタイムはもうけられていなかったが、サッカーの試合時間を90分とするというルールがこのとき生まれたのだ。

その後、1871年に競技時間が90分、ハーフタイムは5分と決められ、前・後半に分けるという、今も用いられている試合スタイルが誕生した。現在では試合時間が45分×2で90分、ハーフタイムは15分という設定が一般的になっている。

ゴルフの「1ラウンド18ホール」にはウイスキーとの深い関係が?!

ゴルフが1ラウンド18ホールで争われるようになったのは、250年ほど前のこと。それ以前は、7ホールや15ホールのゴルフ場もあった。初めて18ホールにしたのは、スコットランドにあるセント・アンドリュースゴルフ場だ。1764年、もともと22ホールあったオールド・コースが18ホールに改造された。

伝えられるところによると、そのさい、「1ホールでウイスキーを1杯ずつ飲んでいくと、18ホールでちょうど1瓶が空になる」ところから、18ホールとなったという。この話が本当かどうかはわからないが、今も全英オープンが催されるこのゴルフ場がスタンダードになって、「ゴルフ1ラウンド18ホール」がゴルフの正式ルールになった。

ピアノの鍵盤数は88鍵より多くても少なくてもダメだった！

ピアノの原型となる楽器「クラヴィチェンバロ・コル・ピアノ・エ・フォルテ」が発明されたのは、1720年代のこと。その名前は、イタリア語で「弱い音と強い音の出るチェンバロ」という意味だ。その長い名前が徐々に省略されて、やがて単に「ピアノ」と呼ばれるようになる。

ただ、1720年代に製作された3台のピアノは、いずれも鍵盤数が54鍵《けん》だった。以降、鍵盤数は、68鍵、73鍵、78鍵、80鍵、85鍵と増え、19世紀後半になってようやく、現在のような88鍵式のピアノが発明された。1910年ごろには92鍵のピアノも製作されたが、最終的には現在のような黒鍵36、白鍵52、あわせて88鍵という数字に落ち着くことになった。

では、なぜ鍵盤数は88という数に定まったのだろうか？　これには、つぎのような説がある。

・演奏者が座ったまま演奏できる限界の幅が、88鍵であるため。

・88鍵での最低音「ラ」より低い音、そして最高音「ド」より高い音は、人間の耳には耳障《みみざわ》りな音で、音楽をつくるのには適していないため。

音楽家たちが88鍵以外で演奏する曲をつくらなかったことや、92鍵のピアノが発明されたにもかかわらず姿を消したことが、これらの説を裏づけているといえるだろう。

遮断機は、なぜ列車通過の15〜20秒前に下りるのか？

踏切では、列車が近づくと、警報音が鳴って遮断機《しゃだんき》が下りてくる。ところが、じっさいに列車がやってくるのは、遮断機が下りてしばらくたってからのこと。「なぜ、そんなに早く遮断機が下りるのか？」と不思議に思った人もいるだろう。

遮断機は「列車通過の15秒〜20秒前に下ろすこと」と国土交通省によって決められている。特急の場合は20秒前、各駅停車の電車の場合は15秒前に下ろさなくてはいけないのだ。

それくらい早めに遮断機を下ろすのは、むろん歩行者や自動車が踏切内で立ち往生しても、あせらずに対処できるようにするためだ。

ここで、車に乗っていて踏切内に閉じ込められたときの対処法を紹介しておこう。車が動くようであれば、そのまま車を進行方向に進めるだけでいい。遮断棒は車に押されると、斜め上に上がっていくので、ポキンと折れることはないので安心のほど。また、踏切内で車が動かなくなったときは、車から降りて遮断機の非常停止ボタンを押せばよい。

なお、踏切には、4つのタイプがある。

第一種は、警報機が鳴って自動的に遮断機が下りる一般的によく見かけるタイプ。第二種は、一定の時間帯のみ、踏切保安係が遮断機を操作するもので、日本国内ではすでに廃止されている。

第三種は、遮断機がなく、警報機のみが設置されているもので、ローカル線などでまれに見かける。第四種は、遮断機も警報機もない踏切で、自動車が横断禁止となっている小さな道路に多い。

ヨーロッパではなぜ、「17」が不吉と嫌われるのか？

キリスト教世界で「13」という数字が嫌われることはよく知られている。これは、キリストの最後の晩餐《ばんさん》が13人で行なわれたところから、13人で食事をすると、そのなかの1人が死ぬという話に由来する。

その「13」にくわえて、欧米、とりわけイタリアでは「17」も不吉な数字として嫌われる。ただし、こちらはキリスト教とは関係なく、ラテン語と関係している。

17をローマ字で書くと、「XⅦ」となるが、その配列をかえると「VIXI」となる。これが、ラテン語で「生きる」の過去形とおなじになり、「生きてしまった」→「死んだ」という意味が生じるのだ。そこから、「17」は不吉な数として忌《い》まれるようになったのである。

7月20日と「海」との関係は？

7月20日は、かつて国民の祝日だった。さて、何の日かご記憶だろうか？

正解は「海の日」。それにしても、この日と「海」にはどのような関係があるのだろうか？

もともと、海運・海事業界では、7月20日を「海の記念日」として祝っていた。1876年（明治9）、明治天皇が東北巡幸に向かわれ、この日に横浜港に無事到着されたことから、天皇の無事を祝って海に感謝したことからはじまった記念日だ。それが、平成になって、国民の祝日にも〝採用〟されたのだが、現在は7月の第三月曜日になっている。

11月23日と「勤労」の関係は？

11月23日といえば、勤労感謝《きんろうかんしゃ》の日。この日と「勤労」にはどのような関係があるのだろうか？

戦前、この日は「新嘗祭《にいなめさい》」という祭日だった。毎年、稲の収穫を感謝して宮中や神社で祭儀が行なわれ、その日が祭日とされていたのだ。

新嘗祭はもともと旧暦の「一一月中卯の日」に催されていた。「中卯の日」とは、その月の2番目の卯の日のことであり、年によって日にちはちがっていた。ところが、明治になって太陽暦が採用されたころ、1873年（明治6）の中卯の日がたまたま11月23日に当たっていた。そこから、毎年、その日を新嘗祭の日とすると定められたのである。

そして戦後の1948年（昭和23）、「国民の祝日に関する法律」が成立し、11月23日は「勤労を尊《とうと》び、生産を祝い、国民互いに感謝しあう日」として、「勤労感謝の日」とされたのである。

8

ランドセルが縦2㎝、横1㎝大きくなった事情！

サイズや重さに隠れたオモシロ話！

近ごろ大人気の「幅広ビジネス」とは

日本経済の先行きは依然、不透明。そんななか、庶民が飛びつくものといえば、おトク感のある〝格安〟サービスだ。激安ランチ、激安ホテル、アウトレットのファッションモールが活況《かっきょう》を呈《てい》するいっぽうで、割高感のある百貨店には閑古鳥《かんこどり》が鳴いている。

そのいっぽう、映画館や飛行機では、普通席より割高の「幅広い座席」がウケるという現象も起きている。

たとえば、映画館を全国に展開するＴＯＨＯシネマズでは、１人あたりの面積が通常の１・５倍あるプレミア席を設置。日本航空では、国内線運賃に１０００円上乗せすれば、普通席よりゆったり過ごせる「クラスＪ」を設置。いずれも好評で、とくに「クラスＪ」は、ファーストクラスや普通席を超え、高い搭乗《とうじょう》率を誇《ほこ》っているという。

とはいえ、クラスＪの座席は、普通席とくらべてたった4センチしかちがいがない。大きく異なるのは肘《ひじ》かけの幅で、普通席の5センチ幅にくらべ、18センチと広くなっているだけ。

しかし、この肘かけの幅が人気の秘密になっているという。そもそも、他人との接触をあまり好まない日本人にとって、見知らぬ人と接する飛行機や電車などの交通機関や映画館は、ストレスがたまりやすい場所だ。

そんな場所では、肘かけが広いことだけでもありがたく思える。それだけで、普通席にありがちな隣席の人との「肘かけ」をめぐる微妙な争いを避けることができるからだ。

昨今、〝幅広ビジネス〟が成功しているのは、「他者と接触するストレスから解放されるためなら、少々高くついてもゆとりの空間を買いたいと願う人が増えている」からといえそうだ。

ランドセルが縦2センチ、横1センチ大きくなった理由

子どもの小学校入学にそなえて、ランドセルを買いにいった人は、最近のランドセルの変貌《へんぼう》ぶりに驚くのではないだろうか。

まずは色である。その昔、ランドセルといえば、男の子は黒、女の子は赤の２種類だけ。それ以外の色のランドセルは存在しなかった。ところが、今のランドセルは、ブルー、ネイビー、ピンク、オレンジ色など、じつにカラフル。子どもが好みの色を選べるようになっているのだ。

変化したのは、色だけではない。最近のランドセルは、以前のランドセルとくらべて、縦約２センチ、横が約１センチほど大きくなっている。

もっとも、色にくらべれば、わずかな変化だが、これにはランドセルに入れる書類の大きさが関係している。２０００年ごろから、学校で使う文書の多くがＡ４サイズになり、教科書や教材にもＡ４サイズが増えたため、ランドセルメーカーが対応したのである。

これまでのランドセルにＡ４サイズの書類を入れようとすると、角が折れたり、

曲がってしまって不便だった。

そこで、A4サイズの書類がランドセルにすっぽり入るようにしたというわけ。大きいサイズのランドセルが登場したのは、2002年ごろのことだが、今ではこのサイズがすっかり主流となっている。

ゴルフの「オール6インチプレース」って、なんで6インチ？

アマチュアのゴルフコンペでは、「オール6インチプレース可」というルールがもうけられることがある。

これは「ボールをホールに近づけない範囲で、6インチ（約15センチ）以内の範囲で置き直して打ってよい」という特別ルールのこと。アマチュアが参加するプライベートな大会で採用されることが多いルールだ。

ゴルフのルールは、ボールの位置を変えずに打つのが原則だが、アマチュアが打ちにくい位置から打つと芝を傷めたり、試合の進行を遅らせてほかのプレーヤーに迷惑をかけることが多くなる。そこで、6インチ以内ならボールの位置を変えてもよいとされているのだ。

それにしても、なぜ動かしていいのは、「6インチ」以内とされているのだろうか？

有力なのは、昔のスコアカードの1辺の長さが6インチだったからという説。ゴルファーはスコアカードをつねに携帯しているので、物差しを用意する必要なく、スコアカードで6インチという長さをはかれる。そこで、この数字が基準となり、6インチ以内ならボールを置き直して打ってよいという特別ルールが生まれることになったという。

印鑑のサイズが1・5ミリ刻みなのは、出世社会の慣習?!

ハンコには、直径8ミリから24ミリまで、おおむね1・5ミリ刻みで、さまざまなサイズがそろっている。

日本でハンコのサイズの種類が増えたのは、日本の組織の意思決定法が関係しているとみていいだろう。

日本の役所や企業では、稟議《りんぎ》制で物事が決められるので、稟議書を回すと、ハンコ欄には、担当者、主任、係長、課長、部長、取締役、常務、専務、社長と、ハンコのあとがズラリと並ぶことになる。

　そのさい、部下のハンコのサイズが上司よりも大きいと、上司が不快に感じることもあるだろう。そこで、地位が低い人は、小さめのハンコをつくり、出世するにしたがって大きなハンコに作り直していくという〝慣習〟のようなものが生まれた。つまり、役職の数だけ、ハンコのサイズが必要というわけだ。

　この国で、ハンコが使われはじめたのは、日本初の本格的な行政法、大宝律令《たいほうりつりょう》（701年）が成立したころ。そのころのハンコのサイズは、天皇が1辺3寸（約90ミリ）、上級官吏は2・5寸（約76ミリ）、下級官吏は2・2寸（約66ミリ）だったという。「上位の者ほど大きなハンコを使う」という日本のルールが、すでに成立していたのである。

子ども靴のサイズは、なぜ1センチ刻みでつくられるのか？

「あとほんの数ミリだけ小さければ、足にぴったりフィットするのに」

「もうちょっとゆったりしていれば、痛くならないのに……」

0・5センチ刻みでつくられている大人の靴でも、靴サイズの悩みは尽《つ》きないのに、どういうわけか、足の小さな子どもの靴サイズは、もっと大ざっぱ。子どものころ、ブカブカの靴を履《は》かされて走るたびに脱げてしまったり、そのせいで運動会のかけっこがビリだった、なんて憂《ゆう》うつな思い出をもつ読者もいるかもしれない。

現在、子ども靴のサイズは、基本的に0～2歳児が対象のベビーサイズ（11～14センチ程度）、3～6歳児が対象のトドラーサイズ（14～19センチ程度）、7～12歳児用のジュニアサイズ（19～24センチ程度）の3種類に分かれている。

そのうち、3～6歳児用のトドラーは、1センチ刻みで生産しているメーカーが多い。理由は、この年齢の子どもは足の成長が早いため、0・5センチ刻みで靴をつくっても、すぐにつぎのサイズに移ってしまうから。ようは、採算性や在庫管理といった事情から、小刻みにするとコストがかかりすぎるのだ。

最近は、0・5センチ刻みでサイズ展開するメーカーも増えているが、親の立場からすると、あまりに細かいサイズ展開があるというのも面倒という人もいるかもしれない。

投手とホームベースの間が「60フィート6インチ」の理由

野球のマウンドからホームベースまでの距離は、60フィート6インチ（約18・44メートル）と決められている。なぜこの距離に決まったのだろうか？

もともと、野球がアメリカで誕生した1846年当時、マウンドからホームベースまでの距離は、現在の長さよりも4分の1ほど短く、45フィートに設定されていた。そのころのピッチャーの投球フォームは、ソフトボールのようなアンダー・スローだったので、投手の投げやすさを考えての設定距離だった。

ところが、投球フォームがサイド・スロー、オーバー・スローと変わるにつれて、球の速さが増し、アモス・ルーラーという剛速球《ごうそっきゅう》投手が登場すると、それまでの距離では短すぎて、バッターがまったく打てなくなった。そこで、ピッチャーとバッターのバランスをとるために、新たに設定されたのが、60フィート6インチという距離だったのである。

では、なぜ6インチという半端な数字がついたのかというと、それには2つの説がある。1つは、ピッチャーズプレートの位置を変更するための図面をひいた人が、60フィート0インチを6インチと読みまちがい、そのまま定着したという説。

そしてもう1つは、ピッチャーズボックスというエリアの名残《なごり》という説だ。昔、ピッチャーは、マウンド上に描かれた5フィート6インチのピッチャーズボックスのなかから、ボールを投げていた。やがて廃止されたが、5フィート6インチというピッチャーズボックスの数字のうち、6インチの部分だけが残り、60フィート6インチに落ち着いたという。

結局、その由来については諸説あるが、60フィート6インチという距離が投手と

打者の双方にとって最適な数字だったため、現在に至るまで100年以上変わらずに受け継がれているといえるだろう。

茶碗の売れ線は、90～100グラムの重さのモノだった！

ご飯茶碗には、重さが90～100グラムのものが多い。湯飲みやコーヒーカップも同様で、売れ筋は90～100グラムのものだ。この〝重量帯〟が現代人の手にもっともなじむウエイトなのだ。

なお、江戸初期のご飯茶碗は200グラムもあった。それが江戸末期には120グラムになり、現代では100グラムを割るものが主流になっている。ただし、軽ければよいというわけではなく、90グラムを切るようなプラスチック製の茶碗になると、これまた売れなくなる。

豆腐の「一丁」って、だいたい何グラムが標準？

豆腐は今では「一丁、二丁」と数えるが、江戸時代後期までは「挺」という漢字が使われていた。「挺」という漢字がまっすぐな様子をあらわすところから、直線的で四角い豆腐を「挺」で数えるようになったとみられる。その「挺」がやがて「丁」に略された。

その豆腐一丁の重さは、店舗、商品によってまちまちである。JAS（日本農林規格）などには、「豆腐○グラムを一丁とする」というような基準はなく、豆腐のサイズは各店の自由裁量にまかされているのだ。

ただし、日本豆腐協会は、大手メーカーの豆腐一丁の平均サイズは300〜350グラムと発表している。

いっぽう、小売業者を中心とした全国豆腐油揚商工組合連合会が、豆腐一丁の重さを調べたところ、全国平均で絹ごしが355・5グラム、木綿が414・2グラムだったという。

というわけで、豆腐一丁は300〜400グラム程度が標準サイズということになるが、個人商店には一丁450グラムという店もある。常連客がついている個人商店ほど、一丁が大きくなるという傾向があるようだ。

というわけで、豆腐のサイズに厳密な基準はなく、顧客のニーズに合わせて大きさを自在に変える、豆腐ならではのやわらかさがあるといえそうだ。

パンの「1斤」は、イギリスの単位が元になっていた！

6枚スライスの食パンは、1枚2枚と数えるが、まとまって1本となると、「斤《きん》」という単位で数える。では、その斤はどれぐらいの重さで、どんな基準がもとになっているのだろうか？

日本には、古くから重さをあらわす単位として斤がある。日本独自の尺貫法《しゃっかんほう》によると、1斤は160匁《もんめ》とおなじで、グラムになおすと約600グラムにあたる。

しかしながら、食パンに使われている斤は、この尺貫法に基づく斤ではない。イギリスなどで使用されていた「ポンド（約450グラム）」が日本に入ってきたとき、この値に近いことから120匁（約450グラム）が1斤とされ、当初は「英斤」と呼ばれて区別されていた。つまり、製パン業界が食パンの単位として用いたのは、この英斤の1斤だったのである。

とはいえ、スーパーなどで売られている食パンには「1斤（340グラム以上）」などと書かれており、イギリスの1ポンドにあたる450グラムとも異なっているが、それはなぜだろうか？

その理由は、焼く前にパン生地の重さをはかっているから。パン生地は水分をたっぷり含んでいるため、オーブンに入れる前のパン生地が450グラムあったとしても、焼き上がったパンからは水分がぬけて、340グラム程度に減ってしまう。食パン1斤の重さは、焼く前なら450グラム、出来上がりはおよそ340グラムというのが相場のようだ。

*　*

本書でご紹介した数字のネタは、多数あるエピソードから選び抜いたものばかりです。数字が得意な人も、日ごろ「あまり得意ではないな」と思っている人も、お楽しみいただけたのではないかと思います。私たちは日々、数字に囲まれた生活をしています。これから出会う数字に疑問を抱いたら、ぜひ一度調べてみてはいかがでしょう。思ってもいなかった事実や、新たな発見と出合えることと思います。

◉以下の文献等を参考にさせていただきました――

「ものをはかるしくみ」関根慶太郎監著、瀧澤美奈子（新星出版社）／「単位」伊藤英一郎監修（ＰＨＰ研究所）／「トコトンやさしい単位の本」山川正光／「モノづくり解体新書」（以上、日刊工業新聞社）／「単位のしくみ」高田誠二（ナツメ社）／「単位と記号雑学事典」白鳥敬（日本実業出版社）／「これが原価だ!!」山中伊知郎（インターメディア出版）／「モノの履歴書」吉井敏晃（青弓社）／「経済・金融データを読み解く67の指標」大和総研情報管理部（かんき出版）／「おもしろ街角経済学」鈴木雅光（ぱる出版）／「一歩身近なサイエンス」Ｑｕａｒｋ編（講談社）／「旅客機・空港の謎と不思議」谷川一巳（東京堂出版）／「ＤＩＭＥ」／「日経トレンディ」／「プレジデント」／「ダイヤモンド」／「東洋経済」／「ＳＰＡ！」／朝日新聞／読売新聞／毎日新聞／日本経済新聞／ほか

KAWADE
夢文庫

本当はナイショにしたかった……
数字のネタばらし!

二〇二二年九月一日　初版発行
著　者……博学こだわり倶楽部[編]
企画・編集……夢の設計社
東京都新宿区山吹町二六一〒162-0801
☎〇三―三二六七―七八五一(編集)
発行者……小野寺優
発行所……河出書房新社
東京都渋谷区千駄ヶ谷二―三二―二〒151-0051
☎〇三―三四〇四―一二〇一(営業)
http://www.kawade.co.jp/
装　幀……川上成夫＋塚本祐子
印刷・製本……中央精版印刷株式会社
組　版……株式会社翔美アート
Printed in Japan ISBN978-4-309-49847-8